내 생애 첫 심리학
마음을 설명하는 여섯 가지 방법

마음을 설명하는 여섯가지 방법

내 생애 첫 심리학

I am

파라북스

내 생애 첫 심리학
마음을 설명하는 여섯 가지 방법

초판 1쇄 인쇄 | 2013년 11월 26일
초판 1쇄 발행 | 2013년 11월 30일

지은이 | 이지연, 박신혜
펴낸이 | 김태화
펴낸곳 | 파라북스
마케팅 | 박경만
기획·편집 | 전지영
표지디자인 | 홍시
본문디자인 | 디자인수

등록번호 | 제313-2004-000003호
등록일자 | 2004년 1월 7일

주소 | 서울특별시 마포구 월드컵북로 6길 93 3F
전화 | 02) 322-5353
팩스 | 02) 334-0748
ISBN 978-89-93212-54-9 (13180)

Copyright ⓒ 2013 by 이지연, 박신혜

＊값은 표지 뒷면에 있습니다.

머리말

우리 마음에 대한 질문과 심리학이 내놓은 대답

　전공이 무엇이냐는 질문에 심리학이라고 대답하면 사람들이 보이는 첫 반응은 대체로 두 가지입니다. 흥미롭다는 표정을 짓거나 조금 경직된 태도를 보이지요. 그러고는 이렇게 물을 때가 있습니다.
　"그럼 제 마음을 읽으실 수 있겠네요?"
　흥미와 경직이라는 상반된 반응을 보이는 이유를 짐작케 하는 질문입니다. 하지만 심리학은 다른 사람의 마음을 꿰뚫어보기 위한 학문이 아닙니다. 게다가 그것은 목표로 삼는다고 해서 가능한 일도 아니지요.
　학문의 목적은 어떤 현상을 이해하고 설명하고, 나아가 그를 바탕으로 예측하고 예방하려는 거대한 바람에서 출발합니다. 심리학은 우리 마음을 대상으로 하는 학문이에요. 마음을 이해하고 설명하는 것이 심리학의 첫 번째 목표이지요.

과학이 발전하면서 우리는 우주와 생명에 대한 많은 의문을 풀었습니다. 생활을 편리하게 하는 수많은 물건들을 만들어냈고 화려한 문명을 꽃 피웠습니다. 하지만 정작 우리 자신에 대한 물음에는 다 답하지 못하고 있습니다.

우리 자신에 대한 다양한 질문과 의문에 대한 해답을 찾아가는 학문이 바로 심리학입니다. 포괄적으로는 우리 인간의 행동, 사고, 정서, 동기 등에 대한 이해를 추구하는 학문이라고 할 수 있습니다. 예를 들면, 우리가 왜 불안한지, 왜 우울한지, 그리고 그 불안과 우울을 어떻게 이해하고 다뤄야 하는지, 상세한 지식을 전달하는 것이지요.

이렇게 '알아가는 과정'은 나도 몰랐던 나 자신을 알게 하고, 도무지 이해할 수 없었던 다른 사람과 세상에 대한 이해를 넓히고, 자신과 다른 사람 그리고 세상을 폭넓게 수용하도록 돕습니다.

이 책은 제목 그대로 심리학을 처음 접하는 분들에게 심리학의 주요 이론들을 쉽게 소개하기 위한 것입니다. 인간의 마음을 깊이 들여다보고 아픔을 치료하려는 상담심리 이론과, 인간의 신념과 가치 그리고 믿음이 성격과 정서 전반에 어떤 영향을 미치는지 보려 했던 인지심리학의 기본 생각과 이론들을 다루고 있습니다.

　1장에서는 인간의 무의식을 처음 들여다본 정신분석학을 소개합니다. 프로이트의 의식과 무의식, 이드와 에고와 슈퍼에고, 융의 개인무의식과 집단무의식 등 정신분석학의 근간을 이루는 개념들을 살펴보고, 정신분석의 과정과 목적에 대해 알아봅니다.

　2장에서는 동물 실험과 같은 실증적인 방법을 통해 인간의 마음을 좀 더 과학적으로 접근하려 했던 행동주의를 소개합니다. 생리학자로 심리학에 위대한 유산을 남긴 파블로프의 조건반응, 조건을 잘 갖추면 행동도 바꿀 수 있다고 믿었던 스키너, 모방 능력을 강조하고 관찰학습에 대한 이론을 구축한 밴두러에 대해 알아봅니다.

　3장에서는 느끼고 생각하는 인간에 관심을 돌린 인본주의를 소개합니다. 인본주의 심리학은 인간을 성장의 힘을 타고난 존재로 신뢰하는 심리학자 매슬로와 로저스의 이론을 바탕으로 우리가 자아실현을 이루도록 돕습니다.

　4장은 마음먹기에 따라 우리의 행동이 얼마나 달라지는지 이해하고 이를 치료과정에 도입한 인지행동치료를 소개합니다. 비합리적인 신념이 인지와 행동에 미치는 영향과 이를 바로잡는 과정에 대해 살펴보고 있습니다.

　5장은 인지심리학을 다룹니다. 인지과정 가운데 중요한 위치를 차지하는 지각과 기억에 대해 상세히 알아보고, 지각 능력을 키우고 더 오래 더 깊게 기억하는 방법에 대해 알아봅니다. 공부하는 학생은 물론이고 입사시험이나 승진시험을 앞둔 직장인이 암기의 왕, 공부의 왕이 되는 데 필요한 힌트들도 소개하지요.

　마지막 6장은 마음의 병을 이해하고 치유하는 방법과 관련된 이야기입니다. 공항장애와 우울증, 조현증과 성격장애 같은 마음의 병을 앓은 유명 영화배우, 가수, 화가, 작곡가 들의 예를 살펴보며, 마음의 병을 이해하는 장이지요. 또 나아가 마음의 병을 가진 사람들에게는 치유의 방법들을 친절히 안내하고 있습니다.

　이런 심리학 이론들은 다른 사람의 마음을 꿰뚫어 보게 하지는 않습니다. 그러나 우리 자신을 이해하는 것뿐 아니라 다른 사람들을 이해하고 관계를 맺는 데 도움을 줍니다. 우리는 자신을 깊이 이해함으로써 자신을 수용하고, 우리가 부족하고 불완전한 존재임을 이해하고 받아들임으로써 스스로를 사랑하게 됩니다. 그리고 그것을 바탕으로 다른 사람들을 더 깊이 이해하게 되지요.

 또한 완벽주의, 수치심, 부정적 정서, 피로, 탈진, 각종 중독, 자기 파괴적 행동, 자살 등등에 대한 이해부터, 행복, 용서, 지혜, 몰입, 이타심 등 인간의 다양한 측면에 대한 해답들을 추구한 심리학적 지식은 인간들이 자신을 이해하는 틀을 넓혀주는 데 공헌해 왔습니다.

 이 책에서 소개하는 심리학의 가장 기본적인 지식들을 디딤돌로, 좀 더 성숙하고 자신과 타인을 보살피며 나누는 삶을 살기를 바랍니다. 그리고 무궁무진한 심리학의 세계에 한발 내디딜 수 있기를 희망합니다.

2013년 가을

차례

머리말 우리 마음에 대한 질문과 심리학이 내놓은 대답 … 5

1장 정신분석학 :: 원인 모를 행동과 꿈을 해석하다

PART 01 마음의 영토 무의식의 존재 … 16
PART 02 무의식으로 가는 비밀스런 통로 꿈의 해석 … 28
PART 03 건강한 에고의 조건 이드, 에고, 슈퍼에고 … 34
PART 04 "저 포도는 분명히 실 거야" 불안 방어기제 … 42
PART 05 진료실에서는 무슨 일이 일어날까?
         정신분석의 목적과 과정 … 48
PART 06 진화하는 인간 정신 개인무의식과 집단무의식 … 53

2장 행동주의 심리학 :: 행동으로 마음을 관찰하다

PART 01 보여줘 봐   심리학의 새로운 주제, 행동 ⋯ 72

PART 02 침 흘리는 개   파블로프가 남긴 위대한 유산 ⋯ 77

PART 03 스키너, 행동을 조작하다   조작행동 ⋯ 88

PART 04 도박처럼 어리석은 행동을 하는 이유
          인간의 자유의지 ⋯ 96

PART 05 보는 것으로도 배운다
          모방 능력과 관찰의 중요성 ⋯ 108

3장 인본주의 심리학 :: 건강한 마음을 다루는 심리학

PART 01 건강한 마음으로 가는 길
          자아실현 ⋯ 114

PART 02 욕구에도 위아래가 있어
          욕구위계설 ⋯ 119

PART 03 자아실현을 향해 가는 길
          자아실현의 욕구와 절정경험 ⋯ 129

PART 04 나는 나, 너는 너로 인정하기
          인간 중심 접근 ⋯ 140

4장 인지행동치료 :: 마음먹기에 달렸어

- **PART 01** 신념이 변해야 모든 것이 변한다
  합리적 정서행동치료 … 152
- **PART 02** 당신의 쿠키틀은 무슨 모양인가요? 인지치료 … 162
- **PART 03** 인지치료가 소용없다면? 심리도식치료 … 176

5장 인지심리학 :: 우리가 보는 것은 진짜일까?

- **PART 01** 이건 토끼일까, 오리일까? 지각 … 192
- **PART 02** 풀을 잃어버린 심리학자 지각조직 … 205
- **PART 03** 이제 이름을 붙일 차례 정체파악 … 215
- **PART 04** 기억하는 것과 잊어버리는 것 기억과 망각 … 219
- **PART 05** 나도 공부의 신이 될 수 있다?! 오래 기억하는 방법 … 231

6장 이상심리학 :: 마음이 아픈 사람들에 대한 이야기

- **PART 01** 마음의 병을 이해하는 틀 이상심리학 ··· 240
- **PART 02** 왜 엘리베이터를 이용하지 않으시나요?
  광장공포증과 공황장애 ··· 243
- **PART 03** 마음의 감기에서 마음의 폐렴으로 우울증 ··· 248
- **PART 04** 환자는 프라다를 입는다 자기애성 성격장애 ··· 258
- **PART 05** 정신을 튜닝할 필요성 조현증 ··· 265
- **PART 06** 세상에서 가장 외로운 사람 경계선 성격장애 ··· 273

1장

정신분석학

원인 모를 행동과 꿈을 해석하다

PART 01 : 무의식의 존재

마음의 영토

○● 프로이트와 정신분석학

수정이 가족은 할머니와 함께 삽니다. 수정이는 예쁘고 똑똑한데다 할머니께 효도하는 걸로도 유명한 아이지요. 한마디로 '엄친딸'이었어요. 그런 수정이에게 참으로 이상한 일이 일어납니다.

어느 토요일 오후, 수정이는 할머니 방에서 열이 펄펄 끓는 할머니를 간호하고 있었습니다. 그런데 거실에 있는 텔레비전에서 수정이가 팬클럽 회장으로 있는 슈퍼주니어의 노래가 흘러나오지 않겠어요. 수정이는 엉덩이가 들썩들썩했습니다. 어서 텔레비전 앞으로 달려가 슈퍼주니어 오빠들이 노래하는 모습을 보고 싶었던 것이죠. 그러나 열이 펄펄 끓는 할머니를 두고 거실로 달려 나갈 수는 없었습니다.

그때 수정이는 갑자기 목이 간질간질해서 기침을 했습니다. 그러는 사이 슈퍼주니어의 노래는 끝나고 다른 가수의 노래가 시작되었습니다. 수정이는 슈퍼주니어를 못

본 것이 너무나 서운했지만, 누구한테도 내색할 수는 없었습니다.

수정이의 할머니는 그로부터 얼마 지나지 않아 돌아가셨습니다. 수정이의 지극한 간호에도 불구하고 건강을 회복하지 못한 것입니다. 그런데 할머니가 돌아가시고부터 수정이한테는 이상한 증상이 생겨납니다. 어디선가 슈퍼주니어의 음악만 흘러나오면, 감기에 걸린 것도 아닌데 자꾸 발작적으로 기침을 했습니다. 기침이 너무 심해 그토록 좋아하는 슈퍼주니어의 음악을 더 이상 들을 수 없게 되었지요.

대체 왜 이런 증상이 생겨난 걸까요? 엄마와 아빠는 수정이를 데리고 소아청소년과, 이비인후과, 내과, 한의원 할 것 없이 다 다녀보았지만, 어디서도 원인을 알아내지 못했습니다. 슈퍼주니어의 음악을 더 이상 가까이 할 수 없기에 수정이는 눈물을 머금고 팬클럽에서도 탈퇴해야 했습니다. 엄마와 아빠는 수정이를 데리고 지푸라기라도 잡는 심정으로 유명한 정신분석가를 찾아갑니다.

수정이는 실제 인물이 아닙니다. 하지만 수정이와 같은 일을 겪은 사람이 실제로 있었습니다. 안나 오(Anna O)라는 사람인데, 그는 신경증 환자를 최면으로 치료하는 브로이어 박사를 찾아갑니다. 그리고 이 환자의 사례는 최초의 정신분석 사례가 되었지요.

하지만 안나 오의 사례를 정신분석한 사람은 브로이어 박사가 아닙니다. 그와 절친한 친구였던 지그문트 프로이트(Sigmund Freud, 1856~1939년)였답니다. 프로이트, 어디서 들어본 듯싶은 이름이지요? 심리학이라고 하면 사람들이 가장 먼저 떠올리는 이름, 정신분석학이라는 새로운 분야를 개척한 바로 그 프로이트랍니다.

만약 수정이를 만났다면 프로이트는 수정이의 증상에 대해 뭐라고 설명했을까요? 프로이트는 수정이의 증상이 할머니가 돌아가신 직후부터 생겼다는 것을 듣고는 할머니와 관련된 기억들을 이것저것 물어보았을 것입니다. 프로이트의 진료실에는 침대처럼 길고 폭신한 소파가 있었습니다. 수정이는 거기에 누워서 가끔은 졸려 몽롱한 상태로 주절대기도 하면서 프로이트의 물음에 답했을 거예요. 수정이와 긴 시간 이야기를 나눈 끝에 프로이트가 내린 결론을 요약하면 이렇습니다.

프로이트는 기다란 소파에 환자를 눕히고, 자신은 환자의 눈에 띄지 않도록 환자의 머리맡에 앉아 이야기를 들었습니다. 정신분석의 역사는 이 소파 위에서 이루어졌다고 해도 과언이 아니죠.

할머니를 간호하던 수정이는 슈퍼주니어의 노래가 나오자 텔레비전 앞으로 달려가고 싶었다. 그러나 할머니를 간호해야 했기 때문에 그럴 수 없었다. 그 순간 수정이의 마음에는 아픈 할머니를 원망하는 감정이 생겼다. 하지만 주위 사람들에게 엄친딸이라고 칭찬을 받던 수정이는 그 원망하는 감정을 누구에게도 털어놓지 못했을 뿐만 아니라 스스로도 인정할 수 없었다.

그러다 할머니가 돌아가시자 죄책감을 가지게 되었다. 슈퍼주니어 때문에 할머니를 잠시나마 미워하고 원망했기 때문이다. 이 죄책감은 '무의식'에 가라앉아 있다가 슈퍼주니어의 음악을 들을 때마다 떠오르게 된다. 죄책감이라는 무의식적인 스트레스가 수정이의 기침을 일으키는 것이다.

여기에 정신분석학에서 가장 중요한 개념이 등장합니다. 바로 무의식이지요. 프로이트는 생각과 무의식에 대해 이렇게 말했습니다.

"생각이란 그 근원이 어디인지 알 수 없는 곳에서 갑자기 떠오르는 것이다. 우리는 그 생각의 뒤를 추적해갈 수도 없다."
"무의식이 인간행위의 진정한 장소이다."

무의식이 인간의 삶과 행동에 얼마나 큰 영향력을 미치고 있는지를 한마디로 표현한 말입니다. 근원이 어딘지 추적할 수 없는 생각을 갑자기 떠오르게 하고 우리 행위를 일으키는 것, 그것이 무의식이라는 말이죠. 그렇다면 무의식은 의식과 어떻게 다른 걸까요?

○● 무의식과 의식

우리가 마음, 생각 또는 감정이라고 부르는 것을 프로이트는 의식이라고 불렀습니다. 하지만 의식은 인간의 마음이라는 거대한 빙산에서 수면 밖으로 드러나 있는 일부분에 불과합니다.

그야말로 빙산의 일각이지요.

'빙산의 일각'이라는 표현은 우리가 전부라고 생각했던 것이 사실은 실제의 극히 일부분일 때 사용합니다. 눈에 보이는 것은 극히 일부일 뿐이고, 더 많은 것들이 보이지 않는 곳에 숨어 있다는 뜻입니다. 그렇다면 마음이라는 빙산에서 물 아래 잠긴 거대한 부분에 해당하는 것은 무엇일까요? 이것이 바로 무의식이랍니다.

빙산에 대해 잘 모르는 사람들은 밖으로 드러나 있는 부분만 보고 보이는 것이 전부라고 생각하기 쉽습니다. 하지만 극지방을 탐험한 사람들에 의해 이제 우리는 수면 아래 어마어마하게 큰 부피의 빙산이 잠겨 있다는 걸 알게 되었죠. 우리 마음에 관해서는 프로이트 역시 탐험가와 같

의식과 무의식의 사이, 전의식

의식과 무의식의 경계는 어떻게 나뉠까요? 프로이트가 무의식과 의식을 영토처럼 나누었다고는 하지만, 마음을 영토처럼 경계선 하나로 구분할 수는 없지요. 예컨대 빙산에 비유했을 때, 파도가 치는 것에 따라서 어떨 때는 물속에 잠겨 있다가 어떨 때는 물 밖으로 드러나는 부분은 완전히 의식적이라고도 완전히 무의식적이라고도 하기 어렵습니다. 그래서 프로이트의 이론에서는 마음을 의식, 무의식과 더불어 전의식으로 나눕니다.

전의식은 물이 찰랑거리는 수면 언저리쯤의 빙산이라고 생각하면 됩니다. 전의식에 있는 생각과 감정들은 노력하면 의식으로 끌어올리기 쉽다는 점에서 무의식에 저장된 것들과 다르고, 언제나 확실히 의식하고 있는 것은 아니라는 점에서 의식의 내용과도 다르답니다.

은 역할을 했습니다. 보이지 않은 무의식의 존재를 알려주었으니까요.

우리는 가끔 이런 말을 합니다. '무의식적으로 그렇게 해버렸어.' 또는 '무의식중에 그런 말을 했어.' 우리가 일상적으로 쓰는 이런 표현도 프로이트가 무의식이라는 마음의 영토를 주장하기 전에는 없었던 말들이죠.

프로이트는 이렇게 인간의 마음을 나눌 수 있는 영토처럼 설명했습니다. 그래서 무의식과 의식을 영토처럼 나눈 프로이트의 이 이론을 지정학설이라고 부르죠. 콜럼버스가 아메리카 대륙을 발견했다면 프로이트는 무의식을 발견했다고 할 수 있습니다.

○● 무의식이 모습을 드러낼 때

수련의 시절 프로이트는 최면요법으로 환자들을 치료하는 스승 밑에서 공부했고, 그 자신도 처음에는 최면요법을 통해 환자들을 치료했습니다. 그때 프로이트는 최면에 걸린 환자들이 자신들도 알지 못하던 또는 잊어버린 줄 알았던 마음을 꺼내놓는 것을 목격했습니다. 게다가 너무 깊이 잠겨 있어서 평소엔 잘 의식하지 못했던 그 마음이 환자들에게 미치는 영향은 생각보다 훨씬 더 컸어요. 그 마음 때문에 자기도 모르는 사이에 몸이 아프기도 하고 이상한 행동을 하기도 했지요. 그런 사람들을 많이 만나면서 프로이트는 의식보다도 무의식이 더 우리를 지배한다고 생각하게 되었습니다.

프로이트에 의하면, 우리를 조종하고 움직이는 것은 의식이 아니라 무의식입니다. 그래서 프로이트는 인간을 무의식에 의해 이끌리는 존재로 보았습니다. 우리는 늘 의식적으로 또 이성적으로 살아간다고 생각하지만, 사실은 많은 정신적 작용이 무의식을 통해 이뤄진다는 것이지요. 하지만 우리는 이처럼 대단한 힘을 가진 무의식의 존재를 잘 인식하지 못합니다. 그렇다고 전혀 알 수 없는 것은 아니에요. 우리의 실수나 꿈을 통해 그 존재를 알 수 있답니다.

김 선생님은 수정이가 다니는 고등학교의 수학 교사입니다. 오늘은 결혼기념일이라 마지막 수업이 끝나는 대로 아내와 만나기로 약속했습니다. 지난 며칠 동안 틈틈이 준비한 이벤트도 할 생각입니다. 마지막 수업에 들어가기 전, 김 선생님은 아내에게 전화를 걸어 약속시간에 맞춰 나오라고 부탁했습니다. 수업을 하러 교실로 가는 동안에도 오늘 이벤트 생각에 김 선생님은 저도 모르게 웃음이 나왔습니다. 수업을 얼른 끝내고 아내를 만나러 가야겠다는 생각이 머리를 가득 채웠습니다.
하지만 교실 문을 열고 들어가 교단 앞에 섰을 때에는 부러 근엄한 표정을 지어 보였습니다. 수업하는 동안에는 수업에 집중해야 하니까 스스로 마음을 다잡으려 한 것이죠. 하지만 김 선생님은 입을 연 순간, 이렇게 말하고 말았습니다.
"자, 이것으로 수업을 끝내겠습니다."
김 선생님의 얼굴은 홍당무처럼 빨개졌고, 아이들은 어리둥절해하다가 바로 까르르 웃음을 터뜨렸습니다.

우리도 가끔 이와 비슷한 실수를 합니다. 수업을 시작할 때, 김 선생님은 자꾸 이벤트로 향하는 생각을 떨쳐내기 위해 부러 근엄한 표정을 짓고 마음을 다잡았습니다. 자꾸 떠오르는 생각을 억압했던 거지요. 그럼 억압된 생각은 어떻게 될까요? 노력 한 번으로 사라지면 좋겠지만, 그렇지는 않아요. 무의식으로 들어가지요. 그리고 생각이 자꾸 그 쪽으로 향하지 않도록 의식적으로 방어를 합니다.

하지만 늘 방어에 성공하는 것은 아닙니다. 저도 모르게 방어가 풀어져버릴 때도 있지요. 스트레스가 많을 때, 잠을 잘 때, 몸이 피곤할 때, 아니면 그 충동이 너무 클 때, 우리의 방어막은 스르르 무너지고 맙니다. 그래서 김 선생님처럼 잠시 생각의 끈을 놓으며 말실수를 하게 되죠. "자, 이제 수업을 시작하겠습니다"가 아니라, "자, 이것으로 수업을 끝내겠습니다"는 말을 저도 모르게 내뱉고 말지요.

무의식은 이처럼 실수를 통해 드러납니다. 그래서 무의식을 드러내는 말실수, 평소 억압되어 있던 무의식을 표출하는 말실수를 프로이트적 말실수라고 부릅니다.

우리는 모든 소망을 다 드러내며 살 수 없습니다. 무의식적 소망을 필요에 따라 사회적 통념이나 관습, 규범에 맞추어 억압하며 살지요. 다 드러내면 위험하니까요. 사회로부터 배척받는 것은 누구에게나 두려운 일입니다. 그래서 어느 정도는 순응하게 되죠. 그리고 그렇게 억압하는 자료들이 무의식으로 내려가는 것입니다.

무의식이 밖으로 드러날 때에는 다양한 모습을 띱니다. 김 선생님의 경우처럼 말실수를 하기도 하지요. 또 결혼이 두려운 새신랑이 예식장으로 가는 길에 사거리에서 빨간불인 줄 알고 차를 멈추었는데, 실은 파란불인 경우도 있지요. 이 경우는 결혼에 대한 두려움이나 무의식적

거부가 행동으로 나타났다고 할 수 있습니다.

슈퍼주니어 때문에 할머니가 원망스러웠던 수정이를 다시 떠올려봅시다. 수정이는 텔레비전에 나오는 슈퍼주니어를 보지 못해 편찮으신 할머니를 원망했다는 것이 부끄러웠고, 그런 자신을 인정하고 싶지 않았습니다. 때문에 그 감정과 기억은 무의식으로 억눌려졌지요. 착한 수정이에게 할머니를 원망한다는 것은 있어서는 안 되는 일이니까요. 그런데 무의식에 잠겨 있던 그 미안함과 부끄러움, 죄책감은 엉뚱하게도 기침이라는 증상으로 나타났습니다.

우리의 기억과 감정은 억누르거나 외면한다고 사라지는 것이 아닙니다. 그것은 무의식에 남아 어떤 방식으로든 자신의 존재를 드러내지요. 수정이의 경우처럼 슈퍼주니어의 음악이 나올 때 기침이 터져 나오기도 하고, 꿈을 꾸거나 팔다리가 마비되기도 하고, 말실수를 하기도 합니다. 이 모두가 무의식의 자기표현 방식인 것이죠.

그러고 보면, '어쩌면 무의식이 더 정직한 우리의 마음이지 않을까' 하는 생각이 듭니다. 그래서 무의식을 잘 이해하는 것은 우리 자신을 이해하는 데 아주 중요하답니다.

○● 무의식으로 들어가는 것들

무의식은 때에 따라 다양한 모습으로 드러나지만, 있는 그대로 다 드러내는 것은 여러 모로 건강하지 못한 일입니다. 무의식에는 의식적으로 부인하거나 억누른 감정들과 생각들이 들어갑니다. 또 잊고 싶은 경험들, 오래된 기억들도 무의식 속에 자리를 잡지요. 이 모든 것들이 다 모습을 드러낸다면 사회적 통념이나 관습, 규범과도 문제를 일으킬 수 있고, 또 자신과 타인을 위험에 빠뜨릴 수도 있겠지요.

그런데 왜 어떤 것들은 의식에 당당하게 자리를 잡는데, 어떤 것들은 죄인처럼 무의식에 숨는 걸까요? 이것을 설명하기 위해서는 공항검색

검색대 통과 전　　　　　　검색대 통과 후

대를 예로 들 수 있습니다.

공항검색대는 테러와 같은 위험을 예방하기 위해 칼이나 권총과 같은 금속물질이나 폭발물일 수도 있는 액체물질 등을 걸러냅니다. 그래서 다른 탑승객들을 위험에 빠뜨릴 수 있는 물건이나 그런 것을 지닌 사람은 비행기에 오를 수 없어요. 검색대에서 분리되어 보안요원에 의해 격리되지요.

우리 마음을 공항과 비행기에 비유하면, 이렇게 격리된 방은 무의식, 비행기는 의식이라고 할 수 있습니다. 가지고 있으면 자신이나 다른 사람들을 위험에 빠뜨릴 수 있는 욕구나 감정들이 검색대를 통과하지 못하고 무의식에 격리되는 것이죠. 의식에는 상식적인 감정들과 욕구들이 당당하게 올라타고요.

PART 02 : 꿈의 해석

무의식으로 가는
비밀스런 통로

○● 꿈과 무의식

무의식을 이해하는 것은 우리 자신을 이해하는 데 아주 중요합니다. 하지만 우리는 어떻게 무의식을 알고 이해할 수 있을까요?

무의식은 우리의 방어가 풀릴 때 모습을 드러냅니다. 스트레스나 잠, 피곤, 충동 등이 우리의 방어막을 무너뜨리지요. 그리고 수정이나 김 선생님의 경우처럼 특정한 행동이나 말실수를 통해 우리는 무의식을 알게 됩니다. 하지만 그보다 더 자주, 더 쉽게 무의식과 만나는 통로가 있습니다. 바로 꿈이지요.

꿈에 대한 해석은 무의식에 대한 개념이 만들어지면서 설명이 가능해진 많은 부분 중 하나입니다. 프로이트는 꿈을 무의식에 숨은 것들이 드러나는 통로라고 설명했습니다. 꿈은 개인의 무의식을 보여주는 중요한 단서가 된다는 것이죠. 프로이트의 유명한 책 ≪꿈의 해석≫은 바로 이런 내용을 담고 있습니다.

프로이트가 꿈과 무의식의 관계를 파악하게 된 계기는 프로이트 자신의 경험에서 비롯되었습니다. 바로 그가 꾼 이상한 꿈 때문이었지요.

어느 날, 프로이트는 자신이 자꾸 같은 꿈을 꾼다는 사실을 발견합니다. 꿈속에서 프로이트는 어떤 노인에게 요강을 대주고 있고, 한쪽 눈이 먼 그 노인은 그 요강에 오줌을 싸고 있었습니다. 상당히 민망한 내용이었죠. 프로이트는 자신이 왜 이런 민망한 꿈을, 그것도 반복해서 꾸는지 궁금했습니다.

이유를 궁금해하던 프로이트는 자신을 대상으로 정신분석을 해보기로 마음먹습니다. 환자들을 위한 소파에 스스로 드러누워 자신의 무의식을 탐구해보기로 한 것이죠. 가끔 잠들 때도 있었지만, 프로이트는 비교적 성공적으로 자신의 무의식을 탐구했습니다. 프로이트는 어떤 결론에 이르렀을까요? 프로이트는 왜 그런 꿈을 꾸게 된 것일까요?

프로이트는 어렸을 때 엄마를 무척 좋아했습니다. 아이가 엄마를 좋아하는 것은 당연한 일이지요. 그런데 프로이트는 특히 엄마의 부드러운 살결을 느끼면서 자는 걸 좋아했다고 합니다. 하지만 그가 어느 정도 자라자 엄마는 그를 다른 방에 두고 아빠와 단둘이 잠자리에 들었어요. 엄마를 빼앗겼다는 생각이 들었겠죠? 한밤중에 잠이라도 깨면 더욱 그랬겠지요.

어느 날에는 한밤중에 깨어난 어린 프로이트가 엄마를 찾아 안방으로 들어갑니다. 엄마는 아빠와 다정하게 껴안은 채 잠들어 있었지요. 화가 난 프로이트는 침실 카펫에 오줌을 싸버렸어요. 두 분을 골탕 먹이고 엄마의 관심을 끌고 싶었던 것이죠. 그때 아빠는 무척 화를 내며 프로이트에게 '쓸모없는 자식'이라고 말합니다. 이 말은 어린 프로이트가 느끼기에도 상당히 모욕적인 말이었지요. 그는 평생 그 말을 잊을 수가 없었습니다.

그리고 어른이 된 프로이트는 한 노인에게 요강을 대주는 꿈을 자주 꾸게 되었습니다. 프로이트는 그 노인이 자신의 아버지라고 생각했습니다. 어린 시절 엄마를 찾아 안방으로 갔던 날에 느꼈던 모욕감을 꿈속에서 아버지에게 되갚아주고 있다고 생각했죠. 그리고 자신이 공부를 열심히 해 지금 같은 학자가 된 것도 아버지보다 자신이 더 나은 인간이라는 걸 보여주고 싶은 마음이 작용한 결과라고 짐작했습니다. 어린 시절 경험한 엄마를 빼앗겼다는 상실감과 아빠의 말에서 느꼈던 모멸감이 무의식에 잠겨 있다가, 잠을 자는 동안 꿈을 통해 드러난 것이지요.

○● 오이디푸스 콤플렉스

반복되는 꿈과 어린 시절의 경험은 프로이트에게 꿈과 무의식의 관계를 밝히는 중요한 단서가 되었습니다. 꿈이 무의식에 숨은 것들이 드러나는 통로임을 알게 해준 것이죠. 이 과정에서 프로이트는 아주 유명한 개념을 이끌어냅니다. 바로 오이디푸스 콤플렉스랍니다.

프로이트의 무의식 속에는 엄마를 잃은 상실감과 아빠의 말에서 비롯된 모욕감 외에 또 다른 것이 숨어 있었습니다. 어린 프로이트는 엄마 옆에서 자고 싶어서 엄마 옆을 차지하고 있는 아빠가 없어졌으면 좋겠다고 생각했습니다. 하지만 자식이 아빠가 없어졌으면 하고 바라는 것은 옳지 않을뿐더러, 세상 사람들이 알면 패륜이라 할 만한 욕망이지요. 그래서 이 욕망은 무의식으로 가라앉았습니다. 그런데 어른이 된 프로이트는 반복적으로 꾸는 꿈을 통해 그 욕망의 존재를 알게 되었습니다. 그리고 이것을 '오이디푸스 콤플렉스'라고 불렀지요.

오이디푸스는 그리스 신화에 등장하는 인물로 그의 이야기는 고대 그리스의 유명한 희곡작가 소포클레스에 의해 ≪오이디푸스 왕≫이라는 비극으로 재탄생하지요. 그 이야기를 요약하면 다음과 같습니다.

　　도시국가 테베의 왕과 왕비 사이에 아들이 태어납니다. 하지만 그 아기는 태어나기 전에 "아비를 죽이고 어미를 범한다"는 신탁이 내려져 태어나자마자 버려지고 말지요. 마침 목동이 버려진 아기를 발견했고, 아기는 이웃나라 왕자가 되어 자랍니다. 그 아기가 바로 오이디푸스랍니다.
　　청년이 된 오이디푸스는 자신의 친부모를 알고자 델포이에서 신탁을 받습니다. 그러나 그때 내려진 신탁은 그가 태어나기 전에 부모가 받은 신탁과 같은 내용이었습니다. 이 무서운 신탁을 받고 오이디푸스는 이를 피하려고 집을 떠납니다. 하지만 여러 사건들에 휘말리며 신탁이 그대로 이루어지고 맙니다. 자신의 아버지를 죽이고 어머니와 결혼해 테베의 '오이디푸스 왕'이 되지요.

친부모가 사는 나라로 가는 길목에서 〈스핑크스의 수수께끼를 푸는 오이디푸스〉(1805년 앵그르의 작품). 스핑크스의 수수께끼를 풀었다는 사실이 알려지면서 영웅이 된 오이디푸스는 친어머니라는 것을 모른 채 왕비와 결혼해 왕이 됩니다.

프로이트가 엄마를 독차지하고 싶어서 아빠가 없어졌으면 좋겠다고 생각한 그 욕망을 오이디푸스 콤플렉스라고 한 배경에는 이런 이야기가 있었습니다. 이 콤플렉스는 무의식적 욕망을 이해하는 데 중요한 개념입니다. 어린 남자아이는 본능적으로 아버지를 제거하고자 하는 욕망을 가진다는 것이죠. 이 욕망을 드러낸다면 패륜아 소리를 듣기 십상이므로, 이 감정은 무의식 속에 감춰집니다.

오이디푸스 콤플렉스는 꼭 정신분석이 아니라도 문화·예술 분야에서 자주 인용되는 개념이므로 알아두면 여러 모로 쓸모가 있답니다.

아무튼 프로이트는 꿈이나 말실수, 행동 등 모두가 무의식의 조정을 받고 있다고 생각했습니다. 무의식이라는 원인이 있고, 행동이라는 결과가 있다는 것이지요.

PART 03 : 이드, 에고, 슈퍼에고

건강한 에고의 조건

○● 역동적인 성격구조

프로이트는 무의식의 존재를 밝혀냄으로써 우리 정신을 이해하는 데 큰 도움을 주었습니다. 수정이의 기침처럼 이유를 알 수 없거나 프로이트적 말실수처럼 설명하기 곤란했던 행동도 설명이 가능하게 해주었지요. 하지만 프로이트의 공로는 이뿐만이 아닙니다. 우리가 정신적으로 겪는 다양한 형태의 아픔과 그 원인을 밝혀내기도 했으니까요.

규현 씨는 남들의 부러움을 한 몸에 받는 청년입니다. 근사한 외모와 큰 키에다 매너도 좋고 운동도 잘했지요. 대학을 졸업하기도 전에 그 어렵다는 사법고시에 합격할 만큼 공부도 잘했어요. 세상 부러울 것 없어 보이는 규현 씨. 하지만 그의 눈빛은 언제나 근심과 걱정이 가득한 사람처럼 우수에 잠겨 있었습니다.

사실 규현 씨는 사춘기 시절부터 근거를 알 수 없는 감정 때문에 힘들어했습니다. 규현 씨를 힘들게 만드는 생각들을 정리해보면 대략 이렇습니다.

'나는 나쁜 사람이다. 나는 내가 너무 초라하고 보잘것없어서 괴롭다. 게다가 나는 내가 누릴 자격이 없는 것들을 누리고 있다. 죽으면 벌을 받아 지옥에 갈 것이다. 나는 오래 살면 살수록 잘못만 더 저지를 것이므로, 사는 것보다는 죽는 게 더 나을지도 모르겠다.'

머릿속을 떠나지 않는 이런 생각들로 규현 씨는 늘 괴로웠습니다. 사실 공부에 죽자고 매달린 것도 이 때문이었습니다. 자신이 더 나은 사람이 되면, 사람들이 자신을 사랑해줄 것이라고 믿은 것이죠.

왜 이런 생각을 하게 되었는지 규현 씨는 알지 못했습니다. 다른 사람에게 터놓고 말할 수도 없었습니다. 가족들과 가까운 친구들에게 이 문제에 대해 말한 적이 있는데, 다들 '배부른 소리 하고 있다'며 투정 부리는 아이 대하듯 규현 씨를 보았습니다. 그래서 이 문제에 대해 아무에게도 이야기하지 않게 되었지요. 그리고 시간이 갈수록 규현 씨는 더 우울해졌습니다.

프로이트는 규현 씨와 같은 사례를 접하고 고민에 빠졌습니다. 그는 다른 사람에게 인정받기 위해 자신에게 가혹했어요. 자기 자신을 싫어했고 그래서 불행한 사람이었지요. 일반적으로 자기 자신을 무시하고 사회적 역할에 충실하며 주변 사람들이 원하는 삶을 살려고 할 때, 무의식이 즉각적으로 반응한다고 합니다. 그때 나타나는 것이 변덕스런 기분이나 흥분된 감정, 불안, 강박관념, 무기력, 부담 같은 것들이죠.

그러나 그게 다가 아니었습니다. 그는 자신이 행복해선 안 되고 벌을 받아야 하는 사람이라는 생각에 빠져 있었습니다. 무의식적인 죄책감을 가지고 있는 것이죠. 게다가 더 심각한 문제는 이 사람이 이렇게 죄책감을 가질 만한 잘못을 저지르지 않았다는 것입니다.

이상한 점은 또 있었습니다. 이와 같은 죄책감으로 스스로를 괴롭히며 살고 있는 사람들이 상당수에 이른다는 것입니다. 그렇다면 이 죄책감은 도대체 어디서 온 것일까요?

프로이트는 자신이 고안해낸 지정학설을 떠올려보았습니다. 의식, 전의식, 무의식. 머릿속으로 무의식의 영토에 빨간 매직으로 '죄책감'이라고 써보기도 했죠. 그러나 아무리 생각해봐도, 이 죄책감이 어디서 와서 무의식에 저장되었는지 알 수가 없었습니다.

'저지르지도 않은 잘못에 대한 죄책감이라니……. 스스로를 불행으로 몰고 가는 이 터무니없는 감정은 대체 어디서 온 것일까?'

프로이트는 입맛도 없어지고 잠도 잘 수 없었습니다. 이제까지의 가설을 변경해야 하는 것은 아닐까 하는 불안감마저 밀려왔지요. 그런데 눈치 없는 손자 녀석 둘이 집에 놀러 와서는 서로 자기가 강아지랑 놀겠다고 시끄럽게 싸웁니다. 프로이트는 오늘 하루 누구에게 강아지를 맡겨야 할지 잠시 고민에 빠졌습니다. 두 아이 중 천방지축인 녀석이 강아지를 맡은 날에는 강아지도 아이도 밖으로 나가 온몸에 진흙을 잔뜩 묻히고 돌아왔고, 점잖은 녀석에게 맡기는 날에는 강아지가 털까지 가지런히 빗질된 채 그림책을 보는 녀석 옆에서 얌전히 놀았습니다.

'음, 누가 목줄을 쥐느냐에 따라 같은 강아지라도 모습이 달라진단 말이야.'

그 순간, 프로이트는 "유레카!"를 외치며 자리에서 벌떡 일어섰습니다. 규현 씨와 같은 사람들이 느끼는 죄책감에 대한 답을 찾은 듯했습니다.

프로이트는 마음이 의식, 전의식, 무의식으로 나뉘어 있다고 생각했습니다. 그러나 이 같은 지정학적 개념으로는 우울이나 불안, 죄책감 같은 감정들을 설명할 수 없었습니다. 죄책감은 괴로운 감정이기 때문에 무의식에 억압되는 것은 맞지만, 대체 어디서 어떻게 생겨났는지는 설명할 수 없으니까요. 또 같은 잘못을 저질렀거나 같은 상황에 처해도 수정이나 규현 씨처럼 무의식적인 죄책감으로 고통받는 사람들이 있는가 하면, 아랑곳하지 않고 잘 살아가는 사람들도 있습니다.

이것은 논리적으로 이해하기 어려운 사실이었습니다. 의식과 무의식, 전의식 같은 고정된 영토와 같은 개념으로는 설명하기 힘들었죠. 개개인에 따라 상당한 차이를 보이는 우울, 불안, 죄책감 등의 감정을 설명하기 위해서는 고정되어 있지 않은 '역동적인 구조'가 필요했습니다. 여기에서 프로이트가 생각해낸 역동적인 구조가 바로 성격구조론입니다.

◐● 에고를 두고 벌이는 이드와 슈퍼에고의 싸움

성격구조론은 이드(원초아), 에고(자아), 슈퍼에고(초자아)로 이루어져 있는데, 특이한 점은 이들이 서로 밀고 당기며 힘겨루기를 한다는 것입니다. 영토처럼 고정되어 있는 지정학설의 세 요소와는 상당히 다른 모습이지요.

이드(Id), 에고(Ego), 슈퍼에고(Superego)와 같은 말은 사실 프로이트가 먼저 쓴 말은 아닙니다. 프로이트는 독일어로 자신의 성격구조론을 설명했는데, 각각 'Es / Ich / Uber Ich'라고 썼습니다. 이것을 영어로는 옮기면 'It / I / Over I'로, 우리말로 그대로 번역하면 '그것 / 나 / 나 위에 있는 것'이라고 할 수 있습니다. 즉, 이드는 충동적인 본능덩어리이며, 에고는 자기(혹은 자아)이고, 이 자기 위에서 도덕적 규범으로 감시하는 구조가 바로 슈퍼에고인 것입니다.

〈성격구조론의 세 요소〉

세 요소		설명
이드 (Id)	원초아	본능
에고 (Ego)	자아	자기 자신
슈퍼에고 (Superego)	초자아	양심

인간에게는 앞뒤 가리지 않고 욕구를 충족시키려는 본능도 있지만, 도덕적 양심도 있습니다. 이드는 본능입니다. 이드는 욕구 충족에만 관심이 있지요. 한편 슈퍼에고는 양심입니다. 이드와 정반대로 가려고 하지요. 이드와 슈퍼에고는 서로 에고를 자기편으로 끌고 가려고 싸웁니다. 에고는 우리 자신이자 이성이라고 할 수 있는데, 이드와 슈퍼에고 사이에서 어느 한 편으로 치우치지 않고 균형을 잡으려 노력합니다.

예를 들어 설명해볼까요? 조금 극단적인 예이긴 하지만, 욕구를 충족하려는 이드가 강한 사람은 알코올중독이나 약물중독에 빠지기 쉽습니다.

에고는 서로 밀고 당기는 이드와 슈퍼에고 사이에서 균형을 잡으려고 노력합니다. 에고의 힘이 강해 균형을 잡는 데 성공하는 사람은 마음의 평화를 얻습니다.

그냥 이 순간 만족하면 그만이니까요. 슈퍼에고가 강한 사람은 도덕적으로 철저해 종교지도자나 성인(聖人)이 되기도 합니다. 그러나 한편으로는 쓸데없는 죄책감으로 자신을 몰아세우면서 우울해지기도 하지요.

그럼 에고가 강한 사람은 어떨까요? 강한 에고는 이드나 슈퍼에고 중 어느 한쪽으로도 치우치지 않습니다. 쾌락만 추구하지도 않고 도덕에 얽매이지도 않으며, 그 둘을 삶 속에서 잘 조화시키지요. 이런 조화를 찾은 사람의 마음은 어떠할까요? 평화롭지 않을까요? 프로이트는 에고가 건강한 사람이 마음의 조화를 이루고 평화롭게 살 수 있다고 생각했습니다.

그렇다면 규현 씨의 경우는 어떻게 설명될까요? 무의식적 죄책감을 다른 사람보다 더 많이 느끼는 규현 씨는 슈퍼에고가 다른 사람보다 강한 경우입니다. 비슷한 잘못을 저질렀거나 비슷한 상황에 처해도 수정이나 규현 씨처럼 무의식적인 죄책감으로 고통받는 사람과 반대로 전혀 아랑곳하지 않는 사람들의 차이는, 바로 '성격구조론'으로 설명이 가능해진 것이죠.

○● 건강한 에고

에고는 맑은 호수의 수면과 닮은 점이 있습니다. 수면은 두 개의 세계가 만나는 또 하나의 세계입니다. 물밖 세계의 상이 맺히는 곳이고 물속 세계를 들여다보는 창이기도 하지요. 물속 세계와 물 밖의 세계가 만나 이루어지는 수면은 무척 아름다운 장면을 연출하기도 하고, 매우 추한 장면을 연출하기도 합니다.

에고는 수면처럼, 내면의 욕구인 이드와 바깥의 사회에서 요구하는 규범인 슈퍼에고가 만나 이루어지는 세계라고 할 수 있습니다. 이드와 슈퍼에고가 만나 만들어내는 에고가 아름다우려면, 이드와 슈퍼에고가 평화로운 조화를 이루어야 합니다. 이미 설명한 것처럼, 이드가 강한 사람은 본능에 휘둘리기 쉽고, 슈퍼에고가 강한 사람은 스스로의 엄격한 도덕적 잣대에 힘들어질 수 있습니다. 그래서 이 둘의 조화는 무척 중요합니다.

하지만 에고가 수면과 분명히 다른 점이 있습니다. 수면이 만들어내는 장면은 물밖 세상과 물속 세상에 의해 좌우되지만, 에고는 그 자체로 이드와 슈퍼에고를 조화시키는 힘을 가지고 있다는 것입니다. 이 힘이 얼마나 강하냐에 따라 사람의 마음은 평화를 얻기도 하고 그러지 못하기도 하지요.

건강한 에고는 이드나 슈퍼에고 가운데 어느 한쪽으로도 치우치지 않고 균형을 잡을 줄 압니다. 이드의 영향을 강하게 받아 욕망과 쾌락만 쫓으며 살지도 않고, 슈퍼에고의 강한 도덕적 잣대에 휘둘리며 살지도 않습니다. 이드와 슈퍼에고를 조화시키는 힘이 강한 에고야말로 건강한 에고입니다. 건강한 에고를 가진 사람이 건강한 사람이고요. 그래서 프로이트는 에고가 강한 것이 인간의 성격에서 가장 바람직한 경우라고 생각했습니다.

PART 04 : 불안 방어기제

"저 포도는 분명히 실 거야!"

○● 불안 방어기제

슈퍼에고가 아주 강한 사람들 중에는 별 근거 없는 죄책감에 시달리는 경우가 있습니다. 규현 씨처럼 말이죠. 이런 죄책감은 상당히 괴로운 감정이에요. 근거가 희박하기에 해소할 방법을 찾기도 어렵지요. 그래서 사람을 불안하게 만듭니다. 무의식이 반응하여 무의식 속에 가라앉아 있던 불안이 나타나기 때문이죠. 하지만 걱정하지 않아도 됩니다. 우리에게는 불안을 방어하는 시스템이 있으니까요.

규현 씨는 자신의 문제에 대해 정신분석가와 상담하기로 했습니다. 이미 몇 차례 상담을 받았고, 오늘도 상담하기로 약속되어 있지요.

약속시간에 맞춰 가려면 지금 집을 나서야 합니다. 그러나 규현 씨는 시간이 되었다는 것을 알면서도, 어머니의 안마의자에 앉아 허리에 안마를 받고 있습니다. 이내 시간이 흘러 약속시간이 지나버렸는데도, 규현 씨는 여전히 안마의자에 앉아 있습니다. 지금쯤이면 정신분석가는 다른 환자를 보고 있겠지요. 규현 씨는 혼자 중얼거립니다.

"내가 오늘 가지 못한 건 내 탓이 아니야. 진료실 소파 때문이야. 너무 푹신해서 허리가 아프거든. 허리가 이렇게 아픈데 어떻게 갈 수 있겠어."

똑똑하고 늘 자신에게 엄격한 규현 씨가 어째서 이런 말도 안 되는 이유를 대며 약속을 어긴 걸까요? 이제부턴 일부러라도 좀 철없어지기로 작정한 걸까요? 하지만 이런 경우는 드문 일이 아닙니다. 돌이켜보면 우리 모두 비슷한 경험을 가지고 있을 거예요. 말도 안 되는 핑계를 대면서 뭔가를 회피한 경험 말이에요.

이런 일은 이드와 슈퍼에고가 서로 부딪쳐 싸움이 벌어질 때 일어납니다. 둘의 싸움이 원만하게 잘 해결되면 좋겠지만, 그렇지 못할 때도 있지요. 해결이 되지 않고 싸움이 계속되면, 싸움의 중재자인 에고는 그 사이에서 스트레스를 받습니다. 여기서 에고가 받는 스트레스를 불안이라고 부릅니다.

더는 견딜 수 없을 만큼 스트레스가 커지면 에고는 싸움을 멈추기 위해 임시방편으로 방패를 하나 가져옵니다. 이드와 슈퍼에고의 중간에 서 있는 에고가 방패를 떡하니 들고 있으면 어쨌든 싸움은 멈출 테니까요. 이 방패를 방어기제라고 부릅니다. '기제'란 우리 행동에 영향을 주는 심리의 작용이나 원리를 가리키는 말이에요.

규현 씨가 말도 안 되는 이유를 대며 진료시간을 지키지 않은 것도 방어기제와 관련이 있습니다. 규현 씨는 정신분석이 힘에 부쳤습니다. 늘 자신에게 엄격했던 규현 씨에게는 속마음을 털어놓기란 어려운 일이었지요. 상담 중에 마음이 풀어져 마음속의 말을 다 쏟아낸 다음에 후회를 하기도 했습니다. 그래서 '가고 싶지 않다'는 이드(본능적 욕구)를 품었죠. 그러자 '이미 해놓은 약속이니 지켜야 한다'고 슈퍼에고(양심)가 눈을 부릅떴습니다. 이드와 슈퍼에고의 싸움이 벌어진 것이죠.

이드도 슈퍼에고도 고집을 꺾지 않았습니다. 규현 씨는 이 둘의 싸움에서 괴롭힘을 당하다 마침내 방패 하나를 꺼내듭니다. '불편한 소파 때문에 허리가 아파 못 가겠다'는 합리화의 방패로 둘의 싸움을 끝내버린 것이죠.

방어기제의 작용을 잘 보여주는 아주 유명한 예가 있습니다. 어린 시절 한번쯤은 읽어 보았을 이솝우화 〈여우와 포도〉입니다.

어느 여름날, 목마른 여우 한 마리가 물을 찾아 이리저리 헤매고 있었습니다. 한참을 헤매던 여우의 눈에 포도나무에 탐스럽게 열린 포도가 보였습니다. 여우는 반가운 마음에 포도를 향해 한달음에 달려갔지요.

"오, 제대로 익은 포도야. 아주 달콤하겠군."

그러나 막상 도착해보니 포도나무의 키가 상당히 컸습니다. 포도가 너무 높이 달려 있었던 것이죠. 포도는 참으로 탐스러웠습니다. 목마른 여우는 포도를 포기할 수 없었습니다. 그래서 있는 힘을 다해 뛰어올랐습니다. 아주 멀리서 도움닫기도 해봤지만, 번번이 아슬아슬하게 포도를 놓치고 말았지요.

"저놈의 포도는 왜 저렇게 높이 달려 있는 거야?"

갈증은 더 심해졌고 계속해서 뛰어오르느라 숨까지 찼습니다. 마침내 여우는 포기를 하고 돌아섭니다. 그리고 이렇게 중얼거리죠.

"저 포도는 분명히 실 거야. 너무 시어서 먹기도 힘들 테지."

방어기제에는 규현 씨와 목마른 여우가 사용한 합리화 외에도 여러 가지가 있습니다. 억압, 퇴행, 취소, 투사, 부정 등이 여기에 속하지요. 이 중에는 어릴 때 우리가 더러 사용했던 것도 있고, 지금도 가끔 사용하는 것도 있습니다. 하나하나 살펴볼까요.

우선 억압은 의식에서 받아들이기 힘든 생각이나 감정 등을 무의식으로 억눌러 숨겨버리는 방어기제로, 가장 기본적인 방어기제입니다. 무의식은 이 억압 때문에 생겨났다고 할 수 있지요.

퇴행은 심한 좌절을 당했을 때 현재보다 유치한 과거 수준으로 후퇴하는 것이에요. 네 살짜리 아이가 동생이 태어난 후에 다시 갓난아이가 된 것처럼 오줌을 가리지 못하고 싸버리는 경우가 여기에 해당하죠.

취소는 말 그대로 어떤 일을 없었던 일로 하려는 마음에서 나오는 것으로, 상대에게 피해를 주었다고 생각할 때 이를 원상복구하려는 행동이랍니다. 속죄행위가 이에 속해요.

투사는 무의식에 품은 충동이 자신의 것이 아니라고 부정하며 남의 것이라고 떠넘겨버리는 정신기제입니다. 다른 사람이나 사물의 탓으로 돌리고는 자신은 그렇지 않다고 생각하는 거죠.

부정은 가장 원초적 방어기제인데, 의식화하면 감당하지 못할 욕구나 충동을 무의식적으로 부정하는 것을 말합니다. 영화를 볼 때 무서운 장면에서 눈을 가리는 것이나, 암 진단이 내려졌는데도 의사의 오진이라고 믿는 것 등이 여기에 속하지요.

이 밖에 사촌이 땅을 사면 배가 아픈 것처럼 심리적 갈등이 신체기관의 증상으로 나타나는 신체화도 있습니다. 불편하고 부정적인 감정이 들거나 마음이 아플 때, 이것을 그대로 느끼는 것은 자신에게 위협적이기 때문에 신체적 증상으로 돌리는 것이지요. 하지만 이것은 어떤 병을 앓을 때 뒤따르는 증상과는 달라요. 불편한 감정을 미리 막는 방어기제일 뿐이지요. 그러나 이것이 과도해지면 실제 신체화 장애라는 증상으로 나타나기도 합니다.

물론 지금까지 설명한 것들과는 조금 다른 형태의 방어기제도 있습니다. 꼼수가 아닌 성숙한 에고가 사용하는 성숙한 방어기제이죠. 유머나 승화가 여기에 속합니다.

유머는 설명할 필요가 없겠죠? 이것은 고통스럽고 힘들거나 갈등이 되는 상황에서 유머를 사용함으로써 긴장을 해소하는 것입니다. 예를 들어보겠습니다. 1981년 미국의 대통령이었던 레이건이 저격을 당하는 사건이 있었습니다. 세계 최강이라고 할 만한 경호를 받는 미국 대통령이 저격을 당했다는 것은 실로 엄청난 사건이었습니다. 이때 레이건 대통령은 다급하게 달려와 지혈을 하는 간호사에게 '낸시(레이건의 부인)에게 허락받았냐'고 농담을 했다고 합니다. 저격당한 본인뿐만 아니라 간호사를 비롯한 주변인들의 긴장을 한번에 날려버렸겠죠? 이런 점에서 유머는 상당히 성숙한 방어기제이지요.

승화는 말 그대로 사회적으로 인정되지 않는 충동이나 욕구를 예술활동이나 종교활동처럼 사회적으로나 정신적으로 가치 있는 것으로 승화시키는 것을 말합니다.

자, 이제 다시 규현 씨의 이야기를 살펴봅시다. 규현 씨는 왜 상담하러 가기가 싫었을까요? 자신의 고통과 대면하기 싫다는 마음의 반항, 즉 무의식의 저항이 일어난 것이죠. 여기서 저항은 상담과정에서 환자가 일으키는 심리적인 반항기제로 설명할 수 있습니다. 실제로 저항이 일어날 때 환자들은 정신분석가와의 약속을 어기거나 지각을 하기도 한답니다.

PART 05 : 정신분석의 목적과 과정

진료실에서는
무슨 일이 일어날까?

○● 상담실에서 일어나는 전이와 역전이

프로이트는 우리 마음에 대해 많은 것을 설명해주었습니다. 정신분석의 도움을 받은 사람들도 많아졌죠. 그렇다면 정신분석가의 진료실에서는 어떤 일이 벌어질까요? 또 환자는 정신분석을 통해 어떻게 달라질까요? 규현 씨를 다시 한 번 만나봅시다.

불안과 방어기제에 대해 이해한 규현 씨는 다시 착실하게 정신분석을 받기 시작합니다. 정신분석가는 장남인 규현 씨가 책임과 의무만을 강조하는 엄격한 어머니에게서 항상 꾸지람을 받으며 자라왔다는 사실을 알게 되었습니다. 규현 씨가 뭔가를 잘해도 칭찬 한 마디 없는 차가운 어머니였죠. 게다가 규현 씨 밑으로 동생이 셋이나 있었기에 규현 씨는 항상 어머니의 품을 동생들에게 빼앗긴 채 자랐습니다.

그런데 규현 씨에게 전에는 없던 감정이 생기기 시작합니다. 날이 갈수록 정신분석가의 눈에 들고 싶은 마음이 일었지요. 그래서 진료실에 가는 날 정신분석가에게 자랑하기 위해 평소 더 열심히 일했습니다. 아무리 힘들어도 자신의 의무를 다했으며, 그렇게 열심히 살고 있다는 걸 그가 꼭 좀 알아주기를 바랐지요.

그런데 참 이상한 일입니다. 그렇게 열심히 노력하면 할수록 규현 씨에게는 섭섭한 감정도 커져갔습니다. 정신분석가는 규현 씨 말고도 만나는 환자가 많았습니다. 규현 씨의 진료시간 앞뒤로 다른 환자들의 예약이 꽉 차 있었죠. 규현 씨는 예약된 시간이 다 끝나서 소파에서 일어나야 할 때마다 화가 치밀었습니다. 정신분석가가 다른 사람에게 관심과 애정을 주기 위해 자신을 밀어내는 것 같았거든요.

규현 씨는 왜 이런 감정을 갖게 되었을까요? 어린 시절 엄마에게 느꼈던 애증을 정신분석가에게 가져다 붙인 것입니다. 이런 경우는 드물지 않게 일어납니다. 환자가 어린 시절 자신에게 절대적인 영향을 끼친 대상에게 느낀 감정을 분석가에게 투사하는 것이지요. 이것을 전문용어로 전이(transference)라고 합니다. 대부분의 경우, 그 대상은 부모입니다. 그리고 규현 씨처럼 분석가를 마구 좋아하고 눈에 들려고 노력하는 '긍정적 전이'도 있고, 분석가에게 반감을 드러내며 시험하고 공격하는 '부정적 전이'도 있습니다.

그런데 이상한 변화는 규현 씨에게만 일어나는 것은 아닙니다. 정신분석가에게도 일어납니다.

규현 씨를 진료하는 정신분석가는 송 박사님입니다. 언제부턴가 그는 규현 씨가 진료예약을 한 날이면, 그 시간 앞뒤를 될 수 있으면 비워놓으려고 애썼습니다. 규현 씨가 약속보다 일찍 도착해도 바로 상담을 시작했고, 정해진 시간이 넘어가도 아무 내색 없이 규현 씨의 이야기를 계속 들어주었습니다. 마치 송 박사님에게 환자는 규현 씨 한 명밖에 없는 것처럼 행동했지요.

정신분석가가 규현 씨를 대하는 태도가 남다르군요. 그는 자기 역할을 묵묵히 하면서 한편으로는 자기도 모르게 희생적인 엄마와 같은 태도로 규현 씨를 대하고 있었던 것입니다. 지금은 돌아가시고 안 계시지만, 송 박사의 어머니는 무척 헌신적이고 따뜻한 분이었습니다. 송 박사는 규현 씨를 도와주고 구원해주면서, 과거 자신에게 의미 있는 인물과의 경험을 규현 씨에게 무의식적으로 재현하고 있는 것이지요.

이처럼 분석가가 환자를 자신의 유년기 대상으로 착각하거나 환자를 마치 자신의 내적 대상이라도 된 것처럼 착각하는 것을 역전이(counter transference)라고 합니다.

전이와 역전이는 정신분석에 있어 중요한 과정입니다. 분석가는 전이와 역전이를 겪으며 환자를 인간적으로 깊이 이해하게 됩니다. 환자 역시 마찬가지입니다. 이를 통해 자기 자신을 통찰할 기회를 얻게 되지요.

환자는 분석가의 도움을 받으면서, 자신의 감정적 고통을 마치 그 일이 일어났던 그 순간처럼 다시 경험합니다. 그리고 그 감정을 이해하고, 앞으로 같은 감정을 또 느끼게 되더라도 그것을 어떻게 처리해야 할지를 알게 됩니다. 이것은 고통스러운 과정이지요. 그렇기 때문에 정신분석은 분석가와 환자가 서로에 대한 신뢰와 의지를 바탕으로 마음을 치유해가는 과정이라고 할 수 있답니다.

흔히 분석가는 환자의 보조 에고(ego)가 되어준다고 말합니다. 환자는 괴로운 순간과 마주치더라도 자신의 약한 두 다리를 도와주는 분석가라는 목발에 의지해 계속 걸어갑니다. 언젠가는 이 목발이 필요 없어지는 순간이 오겠지요. 정신분석은 이처럼 분석가와 환자가 서로 마음을 합쳐 마음을 치유해가는 과정이랍니다.

○● 정신분석의 목적

규현 씨는 꽤 오랫동안 정신분석을 받았습니다. 이제 진료실에 가서 긴 소파에 누워 정신분석가와 이야기를 나누는 것이 편해졌습니다. 하지만 자신에게 뚜렷한 효과가 나타나지는 않았습니다. 여전히 알 수 없는 죄책감을 느꼈고, 그것에서 벗어나기 위해 자신을 혹사하고 있었지요. 규현 씨는 실망했습니다. 정신분석을 통해 완전히 다른 사람이 되고 싶었거든요. 그리고 정신분석의 목표 역시 그럴 거라고 믿었습니다.

규현 씨가 겪는 회의는 정신분석뿐만 아니라 다른 심리상담을 받는 사람들도 모두 한번쯤 겪는 일입니다. 그러나 정신분석의 목표는 마음이 아픈 사람들을 언제 그랬냐는 듯이 완전히 평범하고 행복한 사람으로 바꿔놓는 것이 아닙니다. 애석하게도 그것은 불가능합니다. 다만 환자들의 고통을 일상에서 마주치는 보통의 불행 정도로 여기도록 바꾸어줄 수는 있습니다.

만약 규현 씨가 지금의 겪고 있는 고통스럽고 반복적인 우울증에서 벗어나 마음이 건강해진다면, 인생에서 마주치는 보통의 불행들을 좀 더 잘 헤쳐 나가게 될 것입니다. 그러면 어느 정도 우울한 마음이 드는 순간이 오더라도, 규현 씨는 누군가를 사랑하며 하고 싶은 일을 하면서 살아가게 되겠지요. 정신분석은 어찌 보면 소박하고 겸손한 목표를 가지고 있다고 할 수 있어요.

프로이트는 정신분석을 통해 마음이 아픈 사람들을 수없이 많이 치료했어요. 그리고 오늘날에도 프로이트의 치료는 많은 부분에서 응용되고 있답니다.

PART 06 : 개인무의식과 집단무의식

진화하는 인간 정신

◐● 왕위 계승을 거부한 황태자, 카를 융

정신분석학은 프로이트에 의해 시작되었고 그에 의해 널리 알려졌습니다. 그러나 프로이트가 활동하던 18세기 말에서 19세기 초의 유럽은 매우 보수적이었습니다. 사람들은 무의식이나 이드 같은 프로이트의 혁명적인 개념들을 받아들이기 어려워했습니다. 프로이트의 생각은 사람들에게 배척당했고, 그는 변태(?)라고 생각하는 사람들의 오해에 시달리기도 했습니다.

그렇지만 동시에 열렬한 추종자들과 그에게 정신분석학을 배우려는 제자들도 생겨났답니다. 프로이트의 이론에 영감을 받은 사람들은 매주 수요일 저녁 프로이트의 집에 모여 토론회를 열기도 했습니다. 카를 융

(Carl G. Jung, 1875~1961년)도 그 중 한 사람이었습니다.

융은 스위스의 정신과 의사였습니다. 프로이트는 자신이 유태인이고 자신의 이론에 동의하는 많은 사람들이 유태인이었기 때문에, 자신의 이론이 유태인만의 이론으로 치부될까 봐 걱정이 많았습니다. 그런데 융은 유태인이 아니었고, 프로이트와 다른 나라에 사는 정신과 의사였어요. 프로이트는 융을 보면서 자신의 이론을 널리 알릴 수 있겠다는 희망을 가졌습니다. 융이 자신의 훌륭한 대변인이 되어줄 것이라고 믿은 것이죠. 프로이트는 융을 자신을 계승할 '황태자'라고 공공연히 말하곤

| 프로이트(앞줄 왼쪽)와 융(앞줄 오른쪽)이 함께 찍은 사진.

했답니다. 물론 황제는 말할 것도 없이 프로이트 자신이겠죠.

그러나 매우 애석하게도 프로이트는 곧 융으로부터 엄청난 상처를 받게 됩니다. 다른 추종자들의 시기와 질투를 무릅쓰고 융을 후계자로 지목했건만, 융은 전통적인 정신분석의 황태자가 되기를 거부했지요. 융에게서 받은 배신감의 충격이 얼마나 컸던지, 프로이트는 그와 동석한 자리에서 몇 번이나 졸도했다고 전해집니다. 아들과 아버지 사이 같았던 이 둘은 대체 무엇 때문에 갈라선 걸까요?

융과 프로이트는 '무의식'에 대한 관점에서 첨예한 차이를 보입니다. 프로이트는 무의식에 성(性)이나 공격성 같은, 자신에게 있는 것으로 받아들이기 싫고 남들에게 쉽게 표현하지 못하는 불편한 내용들이 억압된다고 생각했습니다. 프로이트와 융이 살던 시기는 청교도적 규율이 엄격하고 금욕주의적인 사상이 팽배했던 빅토리아 시대였습니다. 그 시기에는 여성들의 몸을 노출하는 것은 물론 피아노 다리도 못 내놓고 다 감쌌다는 이야기가 있을 정도로 엄격했죠. 그러니 사회적인 성적 억압도 심해서 성은 무의식에 억압되는 주된 내용이었습니다.

아무튼 프로이트는 무의식의 세계를 상당히 암울하고 부정적인 것으로 바라보았어요. 이는 아마도 불안하고 완벽주의적이고 매사에 분석적이었다는 프로이트의 성격과도 관련이 있을 것입니다. 이론가들의 성격은 보통 그 이론에 녹아들기 마련이니까요.

그러면 융은 어떨까요? 융은 자아와 무의식에 대해 이렇게 말했어요.

"자아는 의식과 무의식의 내용을 대변할 뿐 무의식을 알지 못한다."

자아는 "여러 관점에서 무의식에 의존하며 매우 자주 결정적으로 무의식의 영향을 받지만," 무의식을 알지는 못한다는 것이지요. 뒤에서 자세히 설명하겠지만, 융은 프로이트보다 무의식을 훨씬 방대하다고 보았습니다. 또 한 종류가 아니며 태곳적부터 전수되어온 무궁무진한 세계로 보았죠. 그렇기 때문에 자아가 무의식을 파악하는 것은 불가능한 일이라 생각했어요.

하지만 영원히 모르는 것은 아니에요. 자아는 무의식보다는 의식의 영역에 속한다고 할 수 있습니다. 그래서 무의식의 내용을 바로 알지는 못하지만, 나중에 생각해보고 무의식의 의도를 알아차리게 되죠. 예컨대, 김 선생님의 경우에서 나중에 '아, 그런 실수를 한 것은 빨리 수업을 마치고 싶어서였구나' 하고 깨닫게 되는 것이죠. 융은 이런 의미에서 무의식은 꼭 나쁜 것만은 아니라고 보았습니다. '내가 진정으로 원하는 것'이 무엇인지 알려주니까요.

무의식의 세계를 부정적으로 바라본 프로이트와 달리, 융은 무의식이 가지는 창조적이고 생산적인 면에 초점을 두었습니다. 어떤 의미에서는 마음에 대해 좀 더 통합적이고 통시적인 관점을 가진 사람이라고 할 수 있습니다.

이처럼 융이 다른 주장을 펴자 프로이트는 노여워했습니다. 그리고 결국 두 사람은 가슴 아픈 결별을 하게 되었죠. 그럼 융이 무의식을 어떻게 설명했는지 더 자세히 살펴볼까요?

○● 개인무의식과 집단무의식

　　　　　　　　　　수지 씨는 최근에 규현 씨와 데이트하게 되었습니다. 몇 번 만나는 동안 수지 씨는 규현 씨에게서 몇 가지 당황스러운 면모를 발견했습니다. 하나는 편식을 한다는 것이었어요. 생일날, 규현 씨와 샤브샤브를 먹으러간 수지 씨는 깜짝 놀랐습니다. 규현 씨가 채소에는 손도 대지 않고 고기만 날름날름 건져 먹었기 때문이죠. 다 큰 남자가 편식이라니……. 덕분에 수지 씨는 고기는 맛도 못 보고 소처럼 풀만 잔뜩 먹어야 했지요. 완벽해 보이는 규현 씨도 단점이라는 게 있었네요.

　　그렇게 저녁을 먹은 다음, 규현 씨는 선물로 옷을 사주겠다며 수지 씨를 백화점으로 데려갔습니다. 수지 씨는 심플한 스타일의 옷을 좋아합니다. 평소에는 티셔츠나 청바지를 즐겨 입지요. 그런데 우리의 규현 씨는 취향이 꽤나 독특합니다. 부티크 스타일의 옷들, 그러니까 부드러운 실루엣의 긴 치마와 하늘거리는 블라우스, 레이스 원피스 같은 것만 자꾸 골라옵니다.

　　수지 씨는 어이가 없었어요. '평소 내가 입은 옷을 한 번도 제대로 보지 않은 게 아닐까?' 하는 생각이 들었습니다. 게다가 규현 씨는 수지 씨의 반응에는 아랑곳하지 않았습니다. 수지 씨는 앞으로 샤브샤브 식당이나 쇼핑하러 갈 때에는 꼭 혼자 다녀야겠다고 생각했습니다. 그나저나 규현 씨는 왜 이러는 걸까요?

　　시간이 흘러, 수지 씨가 규현 씨 집을 방문할 기회가 왔습니다. 그때 규현 씨에 대한 의문이 풀렸습니다. 규현 씨의 어머니는 화려한 레이스로 장식된 홈드레스를 입고 있었습니다. 전통적인 여성상에 딱 맞는 모습이었어요. 규현 씨의 여성복 취향이 어디서 비롯된 것인지 알 만했지요. 어머니와 이야기를 나누는 동안 규현 씨의 식성에 대한 의문도 풀렸습니다. 어머니는 규현 씨가 이유식을 먹을 때부터 채소만 보면 거의 경기를 일으켰다고 하는군요. 그렇게 싫어 하니 채소를 먹일 수가 없었고, 그러다 보니 지금까지 생선이나 육류를 주로 먹게 되었대요.

어린아이처럼 편식하는 것은 그만두고라도 상대를 배려하지 않고 자신의 취향을 강요하는 사람이라면 데이트 상대로 적절하지는 않겠군요. 수지 씨가 무척 고민스러울 것 같네요. 그런데 사람들은 왜 편식과 같은 버릇을 가지게 되는 걸까요?

어린아이들은 대부분 채소를 싫어합니다. 나이가 들면서 조금씩 고쳐지지만, 그래도 시금치를 좋아하는 아이보다는 치킨을 좋아하는 아이들이 더 많지요. 그런데 최근 과학자들은 어린아이들이 채소를 싫어하는 것은 생존 본능과 관련이 있다는 것을 밝혀냈답니다.

먼 옛날 인류는 수렵생활도 했지만 대부분은 풀이나 열매 등을 채집하는 것으로 먹을 것을 구했죠. 당시 사람들은 먹어도 되는 풀과 독초를 구분하기가 쉽지 않았어요. 독이 든 풀이나 버섯을 먹고 탈이 나거나 심한 경우 죽는 일도 많았습니다. 가족이나 친구의 죽음 또는 자신의 고통을 대가로 먹을 수 있는 풀과 없는 풀을 구분하게 되었지요. 그렇게 세월이 흐르는 동안 인류는 채소를 보면 먼저 경계하고 거부감을 보이도록 진화했습니다. 아무 의심 없이 먹었다가 그게 독초라면 생존에 위협이 되기 때문이죠.

어린아이들이 배우지 않아도 채소를 싫어하는 데에는 이런 배경이 있었던 거예요. 채소를 싫어하는 것이 유전인자에 새겨진 정보라는 사실, 놀랍지 않나요? 물론 많은 경우 시간이 지나면서 달라지고, 개인의 차이는 커지만 말이죠.

여성 옷에 대한 규현 씨의 취향은 또 어떤가요? 규현 씨는 수지 씨가 좋아하고 수지 씨에게 어울리는 옷이 아니라, 어머니 모습에서 익숙해진 전통적인 여성상에 맞는 이미지를 아름답다고 생각하고 있어요. 수지 씨 취향이 아니라서 그렇지, 사실 이런 이미지는 많은 사람들의 마음속에 있는 '전통적인 여성의 아름다움'과 일치하기도 합니다.

융은 이렇게 사람들이 따로 배우지 않았어도 공유하고 있는 생각이나 이미지가 있다는 사실에 주목했어요. 프로이트와 융의 가장 큰 차이는 여기에서 시작됩니다.

융은 인간의 마음에 무의식이 있다는 프로이트의 견해에 기본적으로 동의했습니다. 그리고 프로이트가 말한 무의식을 개인무의식이라고 부르고, 개인적인 경험이나 기억·감정·욕구들이 담긴 곳이라고 설명했습니다. 융의 개인무의식은 프로이트의 무의식과 다르지 않아요. 의식에 다 담기에는 양이 너무 많기도 하고, 의식에 두기에는 위험하거나 부정적인 것도 있으니까, 그런 것들은 개인무의식으로 내려간다는 거죠.

그런데 융은 무의식이라고 하지 않고 왜 굳이 개인무의식이라고 했을까요? 그와 대별되는 개념의 무의식이 있다는 말이겠죠? 실제로 융은 프로이트의 무의식에 해당되지 않는 또 다른 무의식이 있다고 주장했어요. 그것은 바로 집단무의식이랍니다.

○● 집단무의식, 태고로부터 전해진 정신

집단무의식도 정신의 일부이지만, 개인이 경험하고 느낀 것과는 상관이 없습니다. 오히려 한 번도 겪어본 적 없는 것들이 대부분이지요.

앞에서 살펴보았듯이, 어린아이들이 채소를 싫어하는 것이나 많은 사람들이 어떤 것에 대해 비슷한 이미지를 갖는 것은 인류가 태곳적부터 쌓아온 경험과 인식의 결과입니다. '태고로부터 전해진 정신'이라고 할 수 있지요.

그런데 우리가 겪어본 적도 없는 것이 어떻게 우리 정신 속에 있을 수 있을까요? 어린아이가 들이나 산에 가서 독초를 따먹고 배앓이를 해서 채소를 거부하게 되지는 않았을 텐데요. 융은 우리가 태곳적부터 조상들에게 전해받은 것이라고 생각했습니다. 유전인자 속에 포함되어 있다는 것이지요.

융에 의하면, 인간은 몸만이 아니라 정신도 진화합니다. 그래서 인간의 정신 속에 있는 집단무의식에는 원시적 이미지로 가득 차 있습니다. 물론 그 이미지들은 조상 대대로 물려받은 것들이지요.

집단무의식의 예는 채소에 대한 거부감 말고도 아주 쉽게 찾을 수 있습니다. 예를 들어, 어둠에 대한 공포를 들 수 있습니다. 아주 어린 아이들도 어두움을 무서워합니다. 그러니까 어둠에 대한 공포라는 감정도 유전적으로 물려받았다는 것이죠. 불이 없던 시절, 어두운 밤에는 바로 앞에 있는 무서운 맹수나 무기로 무장한 적군도 알아볼 수가 없었습니다. 바로 이런 위험 때문에 생겨난 어둠에 대한 공포가, 불로 어둠을 밝힐 수 있는 오늘날까지도 집단무의식을 통해 전해진다는 것이에요.

융은 집단무의식 속에 있는 이미지나 내용물들을 원형(archetype)이라고 불렀습니다. 인간이 가지고 있는 원형에는 출생, 죽음, 어린이, 어머니,

신, 사기꾼, 거인, 현자, 나무, 태양, 바람, 달 등 여러 가지가 있습니다.

물론 이것들은 완전히 고정되어 있는 이미지가 아닙니다. 우리가 그것과 관련된 경험을 겪을 때, 비로소 확실한 이미지로 나타나게 되지요. 예를 들어봅시다. 우리 마음속에 있는 어머니 원형은 특정한 모습으로 정해져 있지 않습니다. 개개인이 자신의 어머니와 관계를 맺고 살아가면서 경험한 내용으로 어머니에 대한 원형의 내용이 만들어지지요. 규현 씨의 경우, 그가 가지고 있는 여성상의 원형을 결정지은 것은 여신풍의 드레스와 레이스 달린 옷을 즐겨 입는 어머니인 것이죠.

융은 수많은 원형을 몇 가지로 분류했습니다. 페르소나, 아니마와 아니무스, 그림자, 자기(self) 같은 것들이에요. 이제 이것들을 하나하나 살펴보도록 하겠습니다.

○● 사람들에게 보여주는 얼굴, 페르소나

페르소나(persona)란 고대 그리스에서 연극배우가 특정한 역할을 하기 위해 썼던 가면을 의미합니다. 인물(person), 인격(personality)의 뜻을 가진 영어단어도 모두 여기에서 유래했지요. 융은 이 페르소나로 인간의 사회성을 설명했습니다.

페르소나가 어떻게 사회성을 설명하는 개념인지 잘 보여주는 예가 있습니다. 바로 유명한 소설가 제인 오스틴(Jane Austen, 1775~1817년)이지요.

제인 오스틴은 《오만과 편견》, 《이성과 감성》과 같은 작품들을 남긴 여성작가입니다. 여러 차례 영화나 드라마로도 제작될 만큼 많은 사랑을 받는 작품들이지요. 제인 오스틴이 그려낸 매력적이고 차가운 남자 '미스터 다시'는 요즘 사람들이 열광하는 나쁜 남자의 시조라고도 할 수 있습니다.

그런데 이처럼 많은 사람들에게 사랑받는 작품을 쓴 작가가 어떻게 글을 썼는지 아는 사람은 별로 없습니다. 제인 오스틴은 평생 독신으로 살았습니다. 아버지가 돌아가신 후로는 오빠의 집이나 친척집에서 더부살이를 했지요.

당시 여성에게는 상속권이 없었습니다. 부유한 집안의 딸이라 해도 유산을 상속받지 못했기 때문에, 결혼해서 남편에게 의존하지 않는다면 경제력이 전혀 없었지요. ≪오만과 편견≫이나 ≪이성과 감성≫에도 재산을 상속받지 못한 가련한 처녀들의 처지나 딸만 둔 아버지의 고민이 등장하지요.

게다가 그 시대는 공부하는 여자를 좋아하지 않았습니다. 여자가 글을 쓰는 것도 못마땅해했어요. 더부살이하는 노처녀가 글을 쓰는 것에 대해 사람들이 어떻게 생각했을지 상상이 가지요? 피곤한 여자, 주제넘는 짓을 하는 여자라고 손가락질을 했을 것입니다.

그런 환경 때문에 제인 오스틴은 자신이 글을 쓴다는 사실을 숨겼습니다. 바느질감 밑이나 수틀 밑에 원고를 숨겨놓고, 사람들과 차를 마시거나 이야기를 하는 중간 중간 틈을 내어 글을 썼지요. 사람들과 수다를 떨면서 손으로는 글을 쓰다니, 그것도 오래도록 사랑받을 문학작품을 쓰다니, 참 대단하지요?

여기에 바로 '페르소나'의 개념이 있습니다. 제인 오스틴은 작가로서의 본모습은 숨기고, 차 마시고 바느질하며 소일하는 평범한 아가씨를 연기했지요. 오스틴이 연기한 평범한 중산층의 아가씨, 그게 바로 오스틴의 페르소나입니다. 사회에 보여주는 얼굴인 것이죠. 페르소나는 대부분 사회 순응적이고 대중들에게 좋게 보이는 모습입니다. 한마디로 사회에서 살아가기에 유리한 장치로, 일종의 가면이라고도 할 수 있지요.

이 같은 가면은 우리가 사회생활을 하는 데 도움을 줍니다. 때론 이득을 얻게 하고 때론 생존하게 해주기도 하지요. 생존에 유리한 것들만 페르소나로서 인류에게 유전되었다고 할 수 있어요. 본래의 욕구나 감정은 숨기거나 절제하게 가르치면서 말이죠.

그렇지만 또 다른 면도 있습니다. 만약 어떤 사람에게 페르소나만 너무 커진다면 어떻게 될까요? 말하자면 페르소나가 점점 커져 원래의 모습을 잃어버린다면, 그 사람은 어떤 삶을 살게 될까요?

규현 씨의 절친, 수현 씨는 연극배우입니다. 연기를 할 때 가장 행복하고 희열을 느끼죠. 그런데 연극무대에 서는 것만으로는 생활이 되지 않았습니다. 그래서 백화점에서 계약직 판매원으로 일했어요. 한 집안의 가장이기 때문에 돈을 벌어야 했죠. 수현 씨는 언변이 좋아서 물건을 잘 팔았습니다. 돈도 많이 벌었어요. 1년 일하면 한동안 연기만 해도 생활이 가능할 정도였죠.

문제는 있었습니다. 수현 씨는 연극무대에 설 때는 돈은 못 벌지언정 참 유쾌하고 점잖은 사람이었어요. 그런데 백화점에서 판매원으로 일할 때면 한 번씩 꼭 사고를 쳤어요. 술에 취해 싸움을 하거나 물건을 부수기도 했지요. 마치 부글부글 끓으면서 언제 폭발할지 모르는 활화산 같았어요. 그래서 몇 달을 힘들여 번 돈을 합의금으로 한번에 날리는 일도 많았습니다. 게다가 그러고 나면 우울증에 빠지기도 했지요.

그렇게 세월이 흐르자 폭발적으로 화를 냈다가 우울해지는 일이 더 자주 일어났습니다. 보다 못한 수현 씨의 부인은 판매원을 더 이상 하지 말라고 했습니다. '판매원 금지령'을 내린 것이죠. 말썽이 계속 일어나게 둘 수는 없으니까요.

자신이 가진 원래의 욕구나 감정을 너무 억누르는 것은 수현 씨의 예에서 보듯이 위험한 일입니다. 만약 제인 오스틴이 자신의 욕구를 억누르기만 하면서 글 쓰는 걸 아예 포기해버렸다면, 우리에겐 ≪오만과 편견≫이나 ≪이성과 감성≫ 같은 걸작은 없겠죠. 게다가 제인 오스틴은 진짜 자신이 원하는 것이 무엇인지 모른 채, 사람들이 원하는 모습만 보이며 살다가 마음의 병에 걸렸을지도 모를 일입니다. 수현 씨처럼 말이에요. 이처럼 페르소나가 너무 커지면 본모습을 잃고 살아가게 된답니다.

페르소나의 또 다른 예로는 독일 작가 프란츠 카프카를 들 수 있습니다. 보험국 직원이라는 페르소나를 가지고 살던 카프카는 낮에는 직장인으로 살다가 퇴근 후에는 작가로서 글을 써서 ≪변신≫ ≪성≫과 같은 유명한 작품을 남겼지요.

우리는 모두 페르소나를 가지고 살아갑니다. 시대에 따라 사회에 따라 그리고 개인에 따라, 페르소나는 다양한 모습을 띠지요. 인간은 집단무의식으로부터 사회 속에서 페르소나를 가지고 살아야 한다는 것을 배운 것이죠.

○● 여성성과 남성성을 말하는 아니마와 아니무스

아니마와 아니무스는 남성성과 여성성에 관계된 원형입니다. 융에 따르면, 남자는 무의식 속에 아니마(anima)라는 여성성을 가지고 있고, 여자는 아니무스(animus)라는 남성성을 가지고 있다고 합니다. 아니마는 남성에게 취약한 감정적인 보완을 해주고, 아니무스는 여성에게 취약한 이성을 보완해준다는 것이죠.

사람은 친구를 사귈 때, 너무 남성적이거나 너무 여성적인 사람보다는 양성적인 면을 다 가지고 있고 그 둘이 조화를 이룬 사람에게 더 호감을 느낀다고 해요. 또 지나치게 남성적이고 마초적인 남성보다는 여성적 감성을 함께 가진 남성이 더 많이 성공하고, 지나치게 여성적이고 소극적인 여성보다는 자기 주장이 분명하고 독립적인 여성이 더 많이 사회에 기여한다고 합니다.

때문에 융은 인간이 더 조화로운 사람으로 성장하기 위해서는 자기 안의 여성성 또는 남성성을 잘 계발하는 것이 중요하다고 생각했습니다. 건강한 사람은 여성성과 남성성을 고루 갖춘 사람, 즉 감성과 의지, 이성이 조화롭게 균형 잡힌 사람이랍니다. 그런 점에서 내 안의 아니마 혹은 아니무스를 성장시키는 것이 중요합니다.

아니마는 심리발달 단계에 따라 각기 다른 4가지 발달과정이 있다고 합니다. 그 첫 번째는 이브(Eve)상으로 본능적이고 생물학적인 여성상을 말합니다. 두 번째는 낭만적이고 미적 수준의 아니마로 성적인 특징을 지니며, 대표적인 예로는 괴테의 대작 ≪파우스트≫의 헬렌을 들 수 있습니다. 세 번째는 영적 헌신으로 지양된 에로스적 여성상입니다. 성모 마리아가 대표적인 예이지요. 네 번째는 가장 거룩하고 가장 순수한 지혜를 상징하는 여성상입니다.

한편 아니무스는 첫째, 스포츠 스타 혹은 육체적인 영웅, 둘째, 낭만적 남성 혹은 행동적 남성으로 전쟁 영웅의 이미지, 셋째, 교수나 목사와 같은 말씀의 사자, 넷째, 종교적 체험의 중재자이며 영적 진리로 이끌어가는 지혜로운 안내자의 상으로 단계가 나뉩니다.

여러분은 어떤 여성, 남성에게 끌리나요? 근육질의 남성이나 섹시한 여성인가요? 이 단계는 모두 본능적이고 생물학적인 단계의 아니마, 아니무스이지요.

어떤 특성을 가진 상대에게 마음을 빼앗기는가는 자신의 심리발달 단계와 관련이 있습니다. 심리발달 단계에 따라 마음을 빼앗기는 상대가 다를 수 있으니까요. 그리고 자신의 의식적인 삶에서 잠재력이 소진되었다고 느낄 때, 내부환경이나 외부환경에 새롭게 적응해야 한다고 느낄 때, 그 다음 단계의 아니마 혹은 아니무스를 발달시키려 한답니다.

○● 그림자와 함께 살아가기

20년 전, 종석 씨는 영특하고 모범적인 아이였습니다. 공부도 곧잘 하고 자기의 일은 뭐든 스스로 하는 아이였지요. 그런데 좀 특이한 면이 있었습니다. 죽은 개구리를 보면 꼭 배를 갈라보고, 쥐나 고양이 같은 동물들의 사체를 관찰하겠다며 집에 들고 오기도 했어요.

사람들이 이런 자신을 이상하게 여긴다는 것을 안 뒤로, 소년 종석이는 이런 일을 할 때면 몰래 숨어서 했어요. 죽은 동물의 배를 칼로 갈라보기도 하고, 땅에 떨어진 매미를 날개부터 다리까지 낱낱이 해부해보기도 했지요. 자연박물관에 가면 몇 시간이고 박제해놓은 동물들과 동물의 해부도 앞에서 움직일 줄을 몰랐어요. 종석이는 무엇이든 보면 '저 안은 어떻게 생겼는지 열어보고 싶다'는 생각을 가졌습니다.

종석이가 관찰한 것은 대부분 죽은 동물들이었지만, 가끔은 팔딱이는 심장이나 살아 숨 쉬는 허파를 보고 싶다는 강렬한 욕망에 사로잡히기도 했습니다. 그런데 그러자면 칼로 피부를 찢어야 하고 피가 쏟아지는 것을 견뎌야 하지요. 종석이는 이런 자신이 무서웠습니다. 자신의 잔인함이 언젠가 큰일을 저지를 것만 같았어요.

'어른이 되면 킬러나 범죄자가 되는 것은 아닐까?'

이것이 종석이의 가장 큰 근심거리였습니다. 뉴스에 연쇄살인이나 동물학대와 같은 내용이 나오면 밥도 먹지 못하고 끙끙 앓을 만큼 충격을 받았습니다. 식구들은 이런 종석이 때문에 뉴스를 볼 수가 없었어요. 부모님은 종석이가 과민하게 군다고 걱정하셨습니다. 종석이가 뭘 그렇게 두려워하는지 알 길이 없었으니까요.

종석 씨의 어린 시절 이야기는 무의식의 내용 가운데 하나인 그림자와 관련이 있습니다. 그렇게 해서는 안 된다는 것을 알기 때문에 잘 억눌러 놓은 충동, 본능적인 욕구, 억누르려 해도 부글부글 끓어오르는 에너지, 감추려 하고 감춰져 있는 어두운 면, 인격의 열등한 면, 그러나 부인할 수 없는 자신의 일부인 것을 융은 그림자라고 불렀습니다.

소년 종석은 잔인한 범죄 소식을 들을 때마다 괴로워한 것은 그것이 자신의 그림자를 건드리기 때문이에요. 또 사람들은 다른 사람에게서 자신의 그림자를 발견하면 그 사람을 아주 미워한답니다. 그 사람을 보는 것은 자신의 어두운 면을 보는 것과 같으니까 괴로울 수밖에 없지요.

그림자가 인간의 어두운 면이라면, 그렇다면 그림자는 완전히 나쁜 것일까요? 그렇지는 않습니다. 융은 이 문제 대해, 그림자가 생기려면 반드시 빛이 필요하다는 사실을 일깨우며 설명합니다. 빛은 마음껏 드러내도 되는 우리의 마음, 부인하지 않아도 되는 마음, 곧 의식이라고 할 수 있어요. 소년 종석이 가졌던 욕망과 에너지는 빛의 밑바닥에 깔린 그림자라고는 불리지만, 완전히 나쁘기만 한 것은 아니랍니다.

어느 날 교육방송에서 외과의사에 대한 다큐멘터리를 방영했어요. 수술 장면이 나오자 종석은 잠깐 동안 번개를 맞은 듯했습니다. 의사들은 주사를 놓아 심장을 계속 뛰게 한 채 날카로운 메스로 복부를 열고, 한 손으로는 흐르는 피를 닦으면서 다른 한 손으로는 따뜻한 장기들을 만졌어요. 그 장면을 본 종석은 자신이 범죄자 말고도 다른 할 일이 있다는 사실에 희열을 느꼈습니다.

그리고 20년이 지난 지금, 종석 씨는 정말 외과의사가 되었습니다. 그것도 수술 잘하기로 소문난 의사가 되었지요. 종석 씨는 아무리 피곤해도 수술실에만 들어서면 힘이 솟는답니다. 메스를 잡는 순간 정신이 맑아지죠. 그의 날카로운 관찰력과 피를 두려워하지 않는 담대함, 예민한 손놀림은 많은 환자들의 생명을 구해내고 있답니다.

그림자는 종석 씨의 경우처럼 사람들의 생명을 살릴 가능성, 지혜, 창조의 힘이 될 수 있습니다. 사람을 더 나아지게도 하지요. 사람들은 본능적이고 충동적이며 악해 보이는 자신의 그림자를 보기 싫어합니다. 하지만 그림자를 인정하고 이해해야 더 나은 지점으로 나아갈 수 있습니다. 같은 칼을 들었지만 범죄자가 아니라 외과의사가 된 종석 씨가 대표적인 예이죠.

예술가도 적당한 예가 됩니다. 예술적 기질을 가진 사람들의 그림자는 사회에 대한 비판과 반항, 파괴와 재창조의 욕구라고 할 수 있습니다. 이 그림자 때문에 그들은 기존 질서와는 다른 파격적인 작품을 창조할 힘을 갖는 것이죠.

괴로워도 자신의 그림자와 함께 가는 사람은 성숙한 인간으로 성장하게 됩니다. 반대로 자신의 그림자를 외면하고 부인하기만 하는 사람은 겉으로는 멀쩡해 보여도 속으로는 부글부글 끓다가 곪기 쉽습니다. 종석 씨가 그 욕망과 호기심을 외과수술로 승화시키지 않았다면, 어떻게 해소했을까요? 어린 종석이가 걱정한 것처럼 아주 극단적으로 흘러가지 않았더라도, 시들시들 무기력하고 재미없는 어른이 될 수도 있었겠죠. 그래서 그림자는 우리가 더 나은 존재가 되도록 해주는 지혜이기도 한 것입니다.

어떤가요? 어둡고 불편해 보이지만, 그래서 인간을 더 인간답게 만들어주는 그림자, 성장을 추구하는 원동력이 되는 그림자. 여러분의 그림자는 무엇인가요?

"인간은 하나의 정신적 과정이다. 인간은 그 과정을 지배하지 못한다. 지배한다고 하더라도 부분적으로 지배할 뿐이다. 그러므로 인간은 자신이나 자신의 인생에 대해 최종적 판단을 내릴 수 없다."

융의 말입니다. 인간을 하나의 정신적 과정으로 규정한, 참 멋있는 말이지요. 끊임없이 그 정신과정을 좇아가면서 우리 삶을 성장시키는 것이 중요하겠죠.

프로이트는 사춘기 이후의 인간의 성장을 별로 다루지 않았습니다. 하지만 융은 중년 이후까지 우리의 삶이 계속 변화 발전한다고 생각하고 그 이후의 삶에도 관심을 가졌지요. 이런 점에서 최근의 중년, 노년의 심리에 대한 심리학적 연구는 융에게 빚진 부분이 많습니다.

2장

행동주의 심리학

행동으로
마음을 관찰하다

PART 01 : 심리학의 새로운 주제, 행동

보여줘 봐

○● 행동주의 심리학의 등장

　　　　　　　　　　인간의 정신을 들여다보고 그 밑바닥까지 분석하려 했던 프로이트의 정신분석학은, 동시대 사람들의 논란과 배척 속에서도 점차 정신의학으로 자리를 잡아갑니다. 오늘날 많은 사람들이 심리학이라고 하면 프로이트나 정신분석을 가장 먼저 떠올릴 만큼, 오랫동안 심리학의 중앙무대를 차지했지요.

또한 인간 정신에 대한 풍부한 이해를 담고 있기 때문에 철학과 문학, 예술을 비롯한 문화 전반에 엄청난 영향력을 미치고 있습니다. 예컨대, 문학과 시각예술 분야의 초현실주의가 대표적인 경우입니다. 초현실주의는 무의식의 세계 내지는 꿈의 세계를 표현하고자 했던 20세기 문학·예술 사조로, 제1차 세계대전과 제2차 세계대전 사이에 유럽에서 시작되어 전세계로 퍼져 나갔습니다. 대표적인 화가로는 살바도르 달리(Salvador Dali, 1904~1989년)를 들 수 있습니다. 실제로 달리는 프로이트를 존경해서 그를 그리기도 했다고 합니다. 이외에도 프롬, 호나이, 설리번, 융, 아들러, 에릭슨 등 수많은 학자들이 프로이트에게 이론적 자극을 받았답니다.

그러나 정신분석의 토대를 이루는 개념들, 즉 무의식·의식·이드·에고·슈퍼에고 등의 개념들은 곧잘 공격의 대상이 되었습니다. 이런 개념들은 심리학이 '객관적인 과학'이라고 주장하는 사람들에게는 받아들이기 힘든 것이었죠. 그들은 정신분석의 기초 개념들이 프로이트가 만들어낸 것에 지나지 않는다며 정신분석을 강하게 공격했어요.

인간의 모든 행동을 '마음'이라는 내적 동기로 설명하는 정신분석은 학문으로서 분명 약점이 있습니다. 그 약점은 바로, 프로이트가 정신분석이라는 거대한 성을 쌓는 데 사용한 무의식이나 에고와 같은 벽돌들이 과학적으로 검증이 불가능하다는 것이지요. 말하자면 정신분석을 떠받치고 있는 이 개념들은 실험실에서 데이터로 측정하거나 눈으로 볼 수 있는 실재가 아니라는 것입니다.

그렇다면 검증하기도 어렵고, 눈에 보이지도 않는 '마음'이 학문의 대상이 될 수 있을까요? 이 같은 의문에서 비롯된 정신분석에 대한 반발은 행동주의라는 심리학의 새로운 흐름을 낳습니다.

○● 관찰 가능한 '행동'

정신분석에서 다루는 '마음'이 심리학의 주제가 될 수 없다면, 대체 무엇이 심리학의 주제가 될 수 있을까요? 행동주의의 창시자로 평가받는 존 왓슨(John B. Watson, 1878~1958년)은 이 질문에 이렇게 답합니다.

"관찰가능한 행동이다."

왓슨은, 의식의 상태는 "객관적으로 확인할 수 없는 것이고 따라서 과학을 위한 자료가 될 수는 절대로 없다"고 생각했습니다. 반면 '관찰 가능한 행동'은 심리학을 '객관적인 과학'으로 만들어줄 것이고, 그렇게 된다면 심리학이 '학문'으로서의 지위를 더 이상 공격받지 않게 되겠죠. 왓슨은 이제 심리학의 주요 목표는 '행동의 예측과 통제'가 되어야 한다고 생각했어요.

왓슨은 시카고 대에서 동물, 주로 쥐의 미로학습에 대해 연구했습니다. 미로에 갇힌 쥐가 어떤 행동을 보이는지 살펴보면서 쥐의 학습능력을 가늠하는 실험이었지요. 어느 날 실험을 하던 왓슨은 사람의 심리도 객관적인 행동을 관찰함으로써 알게 되지 않을까 하는 생각을 했습니다. 열심히 연구에 매진한 왓슨은 29살 나이에 존스 홉킨스 대학교 심리학과장으로 부임해갑니다.

초기 행동주의를 이끈 심리학자로서 왓슨은 '앨버트와 흰쥐 실험'으로 유명합니다. '리틀 앨버트 실험'이라고도 하는 이 실험은, 어떤 대상에 대한 공포반응도 학습된다는 것을 증명하는 내용이었죠. 실험 대상은 앨버트라는 두 살짜리이고 흰쥐를 좋아하는 아이였어요. 왓슨은 앨버트가 흰쥐를 볼 때마다 앨버트의 머리 뒤에서 큰 쇳소리를 내게 했습니다. 그 소리는 혐오스러울 뿐 아니라 앨버트를 깜짝 놀라게 만들었지요. 이 소리에 공포를 느끼게 된 앨버트는 곧 그 공포와 자신이 보고 있는 흰쥐를 짝 지어 생각하기 시작했고(나중에 설명하겠지만, 이것을 '연합'이라고 합니다), 결국 흰쥐뿐만 아니라 털 있는 것은 전부 무서워하게 되었어요. 이로써 왓슨이 처음 예상한 대로 공포반응은 학습될 수 있다는 것이 확인되었지요.

하지만 이 실험은 왓슨이 학교를 그만두는 계기가 됩니다. 어린아이를 이용해 비윤리적인 실험을 했다는 비난이 쏟아졌거든요. 게다가 그 실험을 함께한 동료 레이너와의 불건전한 관계가 알려지면서 왓슨은 심리학계를 떠나 광고업계로 갑니다. 그곳에서 그는 심리학 이론을 이용해 커다란 성공을 거둔답니다.

왓슨은 심리학계를 떠나기 전 심리학의 역사를 바꾸는 또 하나의 일을 했습니다. 1913년 '행동주의자가 보는 심리학(Psychology as the Behaviorist views it)'이라는 심리학사상 아주 중요한 강연을 한 것이죠. 이 강연은 미국 심리학계를 이후 50년간 주도하게 될 행동주의 심리학이 출범하는 계기가 되었답니다. 이 강연에서 왓슨은, 심리학은 객관적이고 실험적인 자연과학의 일부여야 한다고 주장하면서 심리학의 목적은 '행동의 예측과 통제'라고 선언했습니다.

그때까지 심리학의 목적은 '의식의 분석'이라고 여겨져왔습니다. 당시 심리학자들에게는 '스스로 어떻게 생각하고 느끼는지'를 관찰하는 것이 아주 중요한 연구과제였습니다. 이렇게 스스로의 생각이나 느낌을 관찰하는 것을 내성법이라고 합니다. 그러나 의식은 개인적 경험이고 이를 관찰하는 것 역시 주관적일 수밖에 없지요.

왓슨은 강연을 통해 이처럼 주관적인 의식의 연구는 심리학 연구에서 중요하지 않다고 선언한 것입니다. 그의 주장에 대한 젊은 심리학자들의 반응은 예상 밖이었습니다. 기존의 생각에 반하는 새로운 주장인데도 상당히 호의적이었지요. 그 결과 행동주의는 당시 주류였던 구조주의 심리학을 밀어내고 미국 심리학계의 주류가 됩니다.

하지만 행동주의가 심리학계의 주류가 된 데 공헌한 것은 왓슨뿐만이 아니었습니다. 심리학자는 아니지만 행동주의의 문을 열었고, 심리학자들에게 많은 영감을 준 사람이 있었습니다. 바로 파블로프입니다.

구조주의 심리학

구조주의 심리학은 20세기 초 화학과 물리학에서 엄청난 진보가 일어나고 수많은 과학적 지식들이 쏟아짐에 따라, 심리학에서도 인간의 의식 구조를 분석해낼 수 있을 것이라 생각해서 인간의 마음을 구조(structure)로 나눠서 보려 했던 학파랍니다. 의식을 분석하려 했다는 점에서 정신분석학에서 벗어났다고 할 수 없으며, 단지 방법적인 접근에서 기존과는 다른 시도를 했다고 할 수 있습니다. 대표적 학자로는 빌헬름 분트(Wilhelm M. Wundt, 1832~1920년)가 있습니다.

PART 02 : 파블로프가 남긴 위대한 유산

침 흘리는 개

○○● 조건반응과 연합

　　어깨를 잔뜩 웅크린 채 거리를 걷던 규현 씨가 갑자기 발걸음을 멈춥니다. 여전히 어깨를 웅크린 채 꼼짝 않고 서 있는 규현 씨. 천천히 고개를 들어 바로 옆에 있는 점포를 돌아봅니다. 아담한 규모의 카페입니다. 따뜻한 불빛과 진한 커피향이 흘러나오고 있습니다.

　이곳은 규현 씨가 수지 씨와 매일같이 들러 커피를 마시던 곳입니다. 따로 약속을 하지 않아도 두 사람은 퇴근시간이 되면 이곳에서 만나 막 내린 커피를 마시며, 오늘 저녁에는 뭘 먹을지, 영화를 볼지 산책을 할지 의논했지요.

　규현 씨는 마치 커피향에 이끌리듯 천천히 몸을 돌려 카페 안으로 들어갑니다. 커피를 주문하고 늘 앉던 그 자리에 앉습니다. 커피 내리는 소리를 들으며 시계를 봅니다. 이 시간이 되면 딸랑거리는 종이 매달린 카페 문이 열리고 환하게 웃음 짓는 수지 씨가 카페로 들어왔지요. 바로 며칠 전이라면 말이죠. 하지만 이젠 아니에요. 아무리 기다려도 수지 씨는 오지 않을 거예요. 규현 씨와 수지 씨는 며칠 전에 헤어졌거든요.

생텍쥐페리가 창작한 ≪어린왕자≫는 친구가 되는 것은 "서로를 길들이는 것"이라고 했습니다. 연인 사이였던 규현 씨와 수지 씨도 서로에게 길들었어요. 커피향기를 맡으면 규현 씨는 곧바로 수지 씨를 떠올립니다. 규현 씨에게 커피향기는 수지 씨를 의미하는 것이죠. 물론 다른 사람에게는 커피향기가 수지 씨를 의미하지는 않죠. 커피향기를 맡으면 막 구운 빵을 생각하는 사람도 있고, 아침에 눈을 뜨면 커피부터 마시는 엄마가 생각나는 사람도 있겠지요.

이렇게 뭔가에 길들어가는 과정을 실험으로 밝혀낸 과학자가 있습니다. 심리학자는 아니지만, 그리고 의도한 것도 아니지만 심리학에 공헌한 이반 파블로프(Ivan Pavlov, 1849~1936년)라는 러시아 생리학자입니다. '파블로프의 개'를 탄생시킨 그 유명한 실험은 원래 심리학 연구가 아닌 소화과정에 관한 생리학 연구였답니다.

파블로프는 생리학자답게 개에게 고기를 주고 소화액을 채집하는 실험을 하고 있었습니다. 그런데 개가 보인 흥미로운 반응 때문에 실험 방향이 완전히 바뀌게 되었죠. '파블로프의 개'가 과학 시간에도, 사회 시간에도 등장했던 데에는 이런 배경이 있었답니다. 자세히 알아볼까요?

어느 날, 파블로프는 실험에 참여하고 있는 개가 조수의 발소리만을 듣고도 침을 흘리기 시작한다는 사실을 발견합니다. 조수가 고기를 들고 오는 것이라면 냄새를 맡고 몸이 반응했을 수도 있겠죠. 그러나 그 개는 조수가 고기를 들고 오지 않을 때도 조수의 발소리가 들리자 침을 흘렸답니다. 개의 이런 반응이 우연이 아니라고 생각한 파블로프는 그것을 증명하기 위해 개의 머리 위에 종을 매달았답니다.

왜 하필 종이었을까요? 종은 고깃덩이와도 파블로프의 조수와도 아무런 상관이 없는데 말이죠. 그런데 바로 그 점 때문에 파블로프는 종을 선택했습니다. 고깃덩이가 곧 올 것임을 미리 알려주는 조수의 발소리 대신 고깃덩이와 연결 지어 생각할 수 없는 종소리를 개에게 들려준 것입니다. 종소리처럼 아무런 의미도 없는 조건을 중성조건이라고 한답니다.

처음 종소리를 '땡땡' 들려주자 개는 아무 반응도 보이지 않았습니다. 하지만 매일 매일 개에게 고깃덩이를 주기 직전에 종소리를 들려주었어요. 종소리 다음에 고기, 종소리 다음에 고기……. 이 과정을 계속 반복했지요. 그랬더니 어느 날 드디어, 개는 종소리만 듣고도 침을 흘리기 시작했습니다. 종소리 뒤에는 반드시 고기가 뒤따라온다는 것을

〈파블로프의 개 실험〉

'경험'을 통해 배운 것이지요. 이 개에게 종소리는 뒤따라올 고기를 예언해주는 소리가 된 것입니다. 이처럼 학습으로 얻어진 반응을 조건반응이라고 합니다.

파블로프는 실험에 참여한 개가 이제 종소리와 고기를 연관시키게 되었다고 생각했습니다. 이렇게 서로 다른 두 자극을 순차적으로 연관 짓는 능력을 연합이라고 부릅니다. 그리고 이 연합은 이 개가 학습의 결과로 획득한 능력이지요. 반복되는 경험이 학습을 가능하게 한 것입니다.

사람들은 개가 침 흘릴 조건을 인위적으로 만들어줬다는 의미에서 파블로프가 한 이 실험을 파블로프식 조건형성이라고 부릅니다. 또 조건형성을 최초로 실험했다는 뜻으로 고전적 조건형성이라고도 하죠.

그런데 '종소리를 들으면 침 흘리는 개'의 실험이 대체 왜 이렇게 유명한 걸까요? 듣고 보니 너무 간단하지 않나요? 맞습니다. 이 실험은 과정이 매우 간단해요. 하지만 아주 중요한 발견을 해냈답니다. 그건 바로 침을 흘리는 것 같은 유기체의 행동이나 감정이 조건을 만들어주면 '형성'될 수 있다는 사실입니다. 달리 말하면, 유기체는 조건형성을 통해 연합을 학습할 수 있다는 것이지요.

최근 가슴 아픈 이별을 한 규현 씨도 그동안의 경험을 통해 커피향기를 수지 씨와 연합하게 된 것입니다. 이제 규현 씨는 적어도 당분간은, 커피향을 맡으면 눈물을 흘리게 되겠군요.

파블로프의 실험에 나오는 행동주의 용어

□ **종소리 : 중성자극 → 조건자극**

종소리는 그것만으로는 개에게 아무런 의미도 갖지 않습니다. 개뿐만 아니라 누구라도 종소리를 고기와 연결 지어 생각하거나 침샘과 연결 지어 생각하지는 않지요. 이렇게 어떤 의미도 없는 것을 중간의 성격을 갖는다는 뜻으로 '중성적'이라고 합니다. 그리고 종소리는 중성적 자극이라는 뜻에서 중성자극이라고 하지요.

그러나 종소리를 들려준 다음 고기를 주는 일이 반복됨에 따라, 개에게는 종소리의 의미가 달라집니다. 뒤따라 주어지는 고기를 예언하는 의미를 갖게 되지요. 개는 이 사실을 경험을 통해 '학습'하는 것입니다. 이처럼 학습으로 얻어진 자극을 조건자극이라고 합니다. 조건자극(혹은 조건반응)인지 아닌지를 식별하는 방법은 간단합니다. 학습을 통해 얻은 것인지 아닌지만 구별하면 되지요. 파블로프식 조건형성에서 '조건'은 어떤 것이든 학습된 것을 가리킵니다.

□ **고기 : 무조건자극**

학습에 의해 얻어지는 것이 아니라 자연스럽고 자동적인 반응을 일으키는 자극은 무조건자극이라고 합니다. 개에게 고기는 무조건 자극이에요. 고기를 먹으면 소화를 시키기 위해 저절로 침이 나오는데, 이것은 배워서 되는 일이 아니죠.

□ **침 흘리기 : 무조건반응 → 조건반응**

고기를 보고 침을 흘리는 것은 원래 자동적이고 생리적인 현상으로 무조건반응입니다. '무조건'은 조건과 반대로 학습된 반응이 아닙니다. 그러나 종소리를 듣고 침을 흘리는 것은 종소리와 고기를 '연합'한 학습에 의해 보이게 된 반응이지요. 그러므로 종소리를 듣고 침을 흘리는 반응은 조건반응입니다.

◌● 파블로프의 발견이 중요한 까닭

　　　　　　　　지금까지 살펴본 대로 파블로프는 침 흘리는 개 실험으로 '유기체는 조건형성을 통해 연합을 학습할 수 있다'는 사실을 발견했습니다. 그런데 이 발견이 왜 중요한 걸까요? 어떻게 생각하면 소화액 연구가 더 중요한 것 아니었을까요? 대답은 이렇습니다. 주어진 자극에 대해 적절한 반응을 학습하는 것이 유기체의 생존에 도움을 주기 때문입니다. 어떻게 도움이 되는지 살펴볼까요.

　만약 썩은 음식을 먹으면 어떻게 될까요? 배탈이 나겠지요. 심하면, 또 약을 구할 수 없는 상황이라면, 목숨을 잃을 수도 있습니다. 우리는 이런 사실을 다 압니다. 그래서 상한 음식을 먹지 않죠. 부패한 음식을 복통이나 죽음과 '연합'할 줄 알기 때문입니다. 어떻게 알았을까요? 물론 배워서 아는 것이죠. 실제 상한 음식을 먹어본 경험을 통해 배우기도 하고, 그런 경험이 있는 다른 사람들을 통해 배우기도 합니다. 이처럼 연합을 학습하는 능력은 '죽느냐, 사느냐'의 문제가 되기도 합니다.

　우리는 연합을 통해 더 나은 반응방식을 알아갑니다. 사회생활에서도 그렇죠. 회사 분위기나 같이 일하는 사람들의 분위기를 잘 살피고 대처하지 못한다면, 사회생활에서 뒤처지고 말겠지요. 연합을 학습하는 능력은 환경에 대한 적응과 생존에 이처럼 중요한 의미를 가집니다.

　동물의 경우도 마찬가지예요. 더 나은 반응을 체득하지 못한다면 대대손손 이어지지 못하고 도태되어 사라지고 말죠. 긴 목과 커다랗고 까만 눈망울, 아름다운 뿔을 가졌지만 연약하기만 한 사슴이 대대손손 살아가는 데에도 연합을 배우는 능력이 중요합니다.

　숲으로 열매를 따먹으러간 사슴을 상상해보세요. 가까운 데서 나뭇잎이 바스락거리는 소리가 들렸습니다. 나뭇잎이 바스락거린 것은 바람 때문일 수도 있고, 사슴을 노리고 다가오는 사냥꾼 때문일 수도 있습니다. 하지만 사슴 입장에서는 그게 바람 때문이든 사냥하는 다른 동물 때문이든 상관없이 경계해야 한다는 것을 알아야 합니다. 사슴이라면 그 바스락거림이 아무 의미도 중성자극이 아니라, 사냥꾼의 공격을 예고하는 조건자극이라는 사실을 알아야 살 수 있지요.

　이제까지 조상들로부터 전해 내려온 경험에 따라 재빨리 도망친 사슴은 살아남아 자손을 낳고 나뭇잎이 바스락거릴 때 어떻게 해야 하는지 알려주겠지요. 그리고 그 사슴이 살아남은 것처럼 가르침을 받은 후손도 살아남아 까만 눈망울과 아름다운 뿔을 뽐내겠죠.

　물론 모든 사슴이 다 살아남는 것은 아닙니다. 바스락거림이라는 자극에 어떻게 반응해야 하는지 제대로 학습하지 못한 사슴은, 맹수의 먹이가 되거나 사냥꾼의 화살에 죽고 말겠지요. 바스락거리는 소리와 사냥꾼의 화살을 '연합'하지 못했기 때문에 말이죠.

　연합을 학습하는 능력은 이토록 중요합니다. 하지만 파블로프의 조건형성이 가지는 중요한 의의는 또 있습니다. 그것은 바로, 심리학이 '과학적인 학문'으로서 나아갈 방향을 보여주었다는 것이죠.

　개가 종소리와 고깃덩이를 연합했다는 것을 파블로프가 어떻게 알았는지 기억해보세요. 침을 흘리는 것을 보고, 그러니까 평소보다 침을 더 많이 흘리는 것을 보고 알았죠. 이건 객관적인 관측을 통해 확인되는 것입니다. 예컨대 침의 양을 cm³ 단위로 재면 되지요. 개가 무엇을 느끼고 생각하는지, 말하자면 개의 내면에 대해서는 기술할 필요가 없는 것입니다.

이것은 심리학자들에게, 특히 심리학이 과학적 학문으로 자리 잡기를 바라는 심리학자들에게 많은 영감을 주었습니다. 인간의 복잡한 행동을 마음과 같은 주관적인 것에 대한 '추측' 없이도 설명할 수 있다는 생각을 하게 된 것이죠. 파블로프는 행동을 잘게 나누어 객관적 실험을 하는 것으로 이것이 가능하다는 것을 후대의 심리학자들에게 증명해준 것이고요.

이것이 바로, 파블로프가 의도하지는 않았지만 결과적으로는 심리학이 과학으로서 학문적 정체성을 갖게 만든 배경입니다. 파블로프가 자신도 모르게 심리학에 남긴 '위대한 유산'인 셈이죠.

○● 심리장애를 치료하는 조건형성

그런데 또 이런 궁금증이 생깁니다. 혹시 이런 반응을 파블로프의 실험실에 묶여 있는 저 개만 보이는 건 아닐까요? 모든 개가 다 같은 반응을 보일까요? 게다가 개가 저런 반응을 보였다고 해서 인간에게도 같은 걸 적용해도 되는 걸까요?

많은 사람들이 이 점을 궁금해합니다. 극단적인 행동주의자들은 인간이나 개나 모두 유기체에 불과하다고 말합니다. 인간도 자극에 반응하는 반응기계일 뿐, 자유의지 같은 것은 없다고 주장하는 사람도 있습니다. 그렇지만 파블로프가 궁극적으로 말하고자 했던 것은 이와는 조금 다릅니다.

파블로프도 이런 의문을 가지고 여러 마리의 개를 데리고 조건자극과 조건반응에 대해 연구했습니다. 그리고 개들에게서 조건반응만으로는 설명할 수 없는 개개의 고유한 특성이 있다는 것을 발견했지요. 어떤 개는 종소리에 반응을 보이는 게 아니라 귀찮아하며 잠들기도 했고, 어떤 개는 반복되는 자극에 히스테릭한 반응을 보이기도 했습니다. 같은 자극에 모두가 같은 반응을 보인 것은 아니었지요.

그렇다면 개보다 훨씬 복잡한 뇌구조를 가지고 있는 인간은 어떨까요? 아무리 완벽한 조건으로 설계되고 통제된 상황에 놓인다고 해도, 개개인은 아마도 조금씩 다른 반응을 보일 거예요. 인간 개개인의 개성이 완전히 사라질 수는 없으니까요.

그런데 재미있게도 이렇게 인간 개개인이 저마다의 개성을 가지고 있기 때문에, 또 인간뿐만 아니라 다른 모든 유기체들도 각기 다른 개성을 갖고 있기 때문에, 파블로프식의 조건형성은 오늘날 심리장애를 치료하는 데 널리 이용되고 있습니다. 인간을 포함한 모든 유기체는, 종을 치면 침을 흘리게 하는 반응뿐만 아니라 상상할 수 없을 만큼 다양한 자극과 다양한 반응을 연합킬 수 있습니다. 따라서 파블로프식의 조건형성은 모두 다 다른 개개인의 상태에 따라 다양한 자극과 반응을 짝짓는 무수한 방식으로 응용되고 적용될 수 있죠.

예를 들어볼까요? 영화나 드라마에서 거미나 천둥을 병적으로 무서위하는 사람을 본 적이 있나요? 그렇게 특정 대상에 대해 극심한 공포를 느끼는 증상을 포비아(phobia)라고 합니다. 고전적 조건형성은 체계적 둔감법, 혐오치료, 홍수치료 등을 통해 이런 증상을 없애준답니다.

체계적 둔감법이란 연합을 이용해 공포의 대상에 대해 서서히 둔감해지도록 하는 치료법입니다. 몸과 마음을 이완시키는 법을 배운 내담자가 이완시킨 상태에서 공포를 유발시키는 대상을 떠올리면서, 점차적으로 공포의 대상과 이완된 상태를 연합해 나가는 것이죠. 공포의 대상과 뒤따라오는 공포를 연합하는 대신, 공포의 대상과 이완된 상태를 연합하는 것이랍니다. 예컨대, 수지 씨는 남이 쓰고 놔둔 비누를 병적으로 무서워한다고 합니다. 그 비누를 만지는 순간 자신에게 무서운 세균이 옮는다고 믿기 때문이지요. 또 수현 씨는 개라면 아무리 작고 순한 강아지라도 공포를 느낀다고 합니다. 어린 시절 개에게 물렸던 기억이 아직 생생하기 때문이지요. 남이 쓴 비누를 무서워하는 수지 씨에게도, 개를 두려워하는 수현 씨에게도 체계적 둔감법은 개개인에 맞게 적용될 수 있는 것이지요.

혐오치료는 알코올 중독과 같은 문제가 있을 때, 알코올을 좋은 기분과 연합시키는 것이 아니라 구토와 같은 혐오스런 자극과 연합시키는 치료법입니다.

또 홍수치료는 공포나 혐오의 대상을 일부러 많이 접함으로써, 그 대상이 실제로는 위협의 대상이 아님을 깨닫게 하는 치료법입니다. 위에서 말한 수지 씨와 수현 씨의 공포증을 치료하기 위해서 홍수치료를 사용한다면 어떻게 할까요? 수지 씨에게는 공공 화장실에 놓인 비누로 손을 50

번 씻도록 하는 것이 가능하겠군요. 물론 새 비누를 꺼내 쓰는 것은 금지입니다. 종석 씨에게는 일주일에 한 번 애견카페에 가도록 합니다. 말 그대로, 남이 쓴 비누와 개의 홍수를 맛보게 하는 것이지요.

이런 치료방법들은 치료기간이 짧고, 그 효과나 방법을 체계적으로 평가할 수 있다는 장점이 있답니다.

파블로프는 이렇게 행동주의의 시작에 기여했습니다. 이제, 본격적으로 행동주의 심리학에 대해 알아보도록 할게요. 우선 스키너 박사를 만나러 가봅시다.

PART 03 : 조작행동

스키너, 행동을 조작하다

○● 조작적 조건형성과 행동

　　　　　　비둘기가 탁구를 치고 집에서 키우는 강아지가 숨바꼭질을 하며, 고양이가 피아노를 치는 일이 가능할까요? 이 상상을 초월하는 일들이 가능하다고 생각한 사람이 있었습니다. 그리고 결국 동물들이 그 같은 '행동'을 하도록 만들었지요. 그 사람이 바로 스키너 (Burrhus Frederic Skinner, 1904~1990년)입니다.

　스키너는 원래 대학에서 영문학을 전공하고 졸업 후에는 시와 단편소설에 몰두한 작가 지망생이었습니다. 그러나 왓슨과 파블로프의 연구를 접하고는 인생의 진로를 바꾸지요. 행동주의를 연구하는 심리학자가 되기로 결심한 것입니다.

수많은 실험과 연구로 스키너는 파블로프와 왓슨을 계승하는 데 성공했습니다. 더 정확히 말하면 그들을 사뿐히 뛰어넘었다고 할 수 있습니다. 그의 연구는 파블로프의 조건형성, 즉 고전적 조건형성과 구분지어 조작적 조건형성이라고 부릅니다. 그 내용을 살펴볼까요?

수지 씨를 그리워하던 규현 씨. 오늘도 청승맞게 카페에 홀로 앉아 있습니다. 핸드폰을 만지작거리다가 우연히 수지 씨와 함께 찍은 사진을 발견합니다. 그렇게 미운 데도 사진 속에서 미소 짓는 수지 씨의 모습을 보자 규현 씨 입가에 반사적으로 미소가 번지네요. 그때 카페 출입문이 열리더니 친구 수현 씨가 들어왔어요. 규현 씨는 손을 들어 흔듭니다. 그런데 갑자기 규현 씨의 눈이 흔들리더니 이내 충혈이 되고 마네요.

왜 눈이 빨개졌냐고 묻는 수현 씨. 수현 씨가 들어올 때 함께 들어온 찬바람 때문이라고 변명하는 규현 씨. 정말이에요. 찬바람이 갑자기 훅 불어와서 순간적으로 눈을 깜박거렸는데 눈물이 나온 것이라고요.

규현 씨의 눈물은 정말 찬바람 때문일까요? 진실은 규현 씨만이 알겠죠. 아무튼 규현 씨의 주장대로 찬바람 같은 자극이 눈앞으로 닥치면 우리는 눈을 깜박이게 됩니다. 또 맛있는 음식을 생각하면 침이 고이지요. 이런 건 자동적이고 생리적인 반응입니다. 우리 의지대로 조정되는 것이 아니라 자동적으로 일어나지요. 그래서 이런 반응을 무조건 반응 혹은 반사라고 합니다.

파블로프는 조건을 만들어주면 '반사'를 이끌어낼 수 있다는 걸 보여주었습니다. 그리고 스키너는 파블로프의 연구를 보며 반사를 뛰어넘는 '행동'도 이끌어낼 수 있겠다고 생각했답니다. 어떻게? 이제 살펴보자고요.

○● 행동을 조작하는 스키너의 상자

스키너는 대학원 연구실에서 작은 상자를 만들었습니다. 상자 속에는 작은 지렛대 장치를 설치했고, 그 위에는 커피 자판기를 작게 줄여 놓은 듯한 선반도 달았습니다. 아이 주먹이 들어갔다 나올 만한 크기의 작은 출입구도 만들었지요. 그리고 상자 안에 쥐를 넣고 쥐에게서 '행동'을 이끌어내는 실험을 했답니다.

쥐에게서 이끌어낼 행동은 '지렛대 누르기'이고, 방법은 쥐가 지렛대 누르기에 성공할 때마다 보상으로 음식을 주는 것입니다. 처음엔 지렛대를 눌러야 음식이 나온다는 걸 쥐는 모를 것입니다. 하지만 같은 상황이 반복되면 파블로프의 개가 그랬던 것처럼 스키너의 쥐도 '연합'을 배우게 되겠지요. 지렛대 누르기와 음식을 연합해, 지렛대를 누르면 음식이 나온다는 것을 알게 된다는 말입니다.

물론 쉽지는 않았습니다. 스키너는 수많은 시행착오를 거쳐, 쥐가 '지렛대 누르기'라는 행동을 하도록 만드는 데 성공했습니다. 파블로프의 실험은 종소리라는 자극을 먼저 주고 침 흘리기라는 반응을 이끌어냈지요. 반면 스키너의 실험은 음식이라는 결과를 위해 지렛대 누르기라는 행동을 먼저 하도록 만든 것입니다. 스키너는 이로써 조건형성으로 행동을 이끌어낼 수도 있다는 것을 입증한 것입니다.

아무튼 쥐는 스키너가 고안해낸 상자 속에서 먹이라는 결과를 얻기 위해 행동(지렛대 누르기)을 해야 합니다. 지렛대 누르기는 침 흘리기와 달리 의지가 개입된 행동입니다. 그러니까 계속 할 수도 있고, 하지 않을 수도 있는 것이죠. 스키너는 이렇게 의지가 개입된 행동을 조작행동이라고 불렀습니다. 파블로프의 실험에서처럼 어떤 생리적 반응이 아니라 자신의 의지를 가지고 행동을 조작한다는 의미에서 붙은 이름이죠.

그런데 여기서 생각해볼 것이 있습니다. 어떤 행동을 하게 만들 수 있다면, 반대로 하지 못하게 할 수도 있지 않을까요? 예컨대, 지렛대 누르기와 같은 것을 말이죠. 방법은? 행동을 하게 만드는 먹이 같은 보

스키너의 상자 속에서 쥐는 지렛대 누르기라는 행동을 했을 때 먹이라는 보상을 받습니다. 이로써 스키너는 조건형성으로 행동을 이끌어낼 수 있다는 것을 증명했답니다.

상을 더 이상 주지 않는 것도 방법입니다. 아니면 찌릿찌릿한 전기충격 같은 혐오자극을 주면 어떨까요? 아마도 전기충격이 지렛대 누르기와 연관이 있다는 걸 깨닫는 순간, 더 이상 지렛대를 누르지 않게 되겠죠. 이렇게 어떤 행동을 하지 않게 되는 것을 행동소거라고 합니다.

파블로프에게 있어 '소거'는 종소리 뒤에 고기가 뒤따르지 않을 때 침 흘리기가 사라지는 것을 의미합니다. 조건자극만 계속 주고 무조건자극은 주지 않으면, 무조건반응(반사)은 사라지게 되지요. 스키너에게 있어 '소거'란 지렛대를 눌러도 먹이가 오지 않을 때, 또는 전기충격 같은 혐오자극이 올 때, 지렛대 누르기를 점점 하지 않게 되는 것을 의미해요. 행동에 대한 강화가 뒤따르지 않으면 그 행동을 하지 않게 되죠. 저녁이면 늘 카페에 들르는 행동에 수지 씨라는 강화가 뒤따르지 않으면 언젠가 규현 씨도 카페에 가지 않을 겁니다. 미련에도 소거가 일어나는 것이죠.

지렛대를 누를 때마다 주는 먹이와 같은 보상은 행동을 더욱 강화시킵니다. 그래서 강화물이라고 하죠. 반대로 전기충격과 같은 혐오자극은 행동에 뒤따르는 처벌에 해당합니다. 쉽게 말해, 어떤 행동을 할 때마다 상을 받으면 그 행동은 더 자주 하고, 벌을 받으면 그 행동은 빈도가 줄면서 결국 사라지게 된다는 것이죠. 그러니까 스키너의 실험은 어떤 행동을 더 하도록 강화시킬 수도 있고, 그 행동을 줄이거나 아예 하지 않도록 제거할 수도 있다는 것을 보여주었습니다.

파블로프의 조건형성에서 학습된 것이냐 아니냐에 따라 무조건과 조건이 구분되었다면, 스키너의 조작적 조건형성에서는 조작행동을 하게 하느냐 하지 않게 하느냐에 따라 '강화'와 '처벌'로 나뉩니다. 그래서 스키너의 조작적 조건형성의 기본원리를 한 마디로 말하면 이렇습니다.

"행동은 강화(물)가 뒤따를 때 강력해지고, 처벌이 뒤따를 때 약해진다."

○● 스키너가 이루고자 한 것

스키너는 쥐에게 한 것처럼 조작적 조건형성으로 비둘기에게 탁구를 가르치고, 강아지에게 숨바꼭질을 가르쳤습니다. 무엇을 위해서였을까요? 두 딸과 강아지를 데리고 더 재밌게 놀기 위해서? 쥐나 비둘기를 괴롭히는 것이 즐거워서? 아니에요. 스키너는 환경을 만드는 것, 특히 보상을 주는 것이 인간을 포함한 모든 유기체에게 어떤 영향을 미치는지 보여주려 한 것입니다. 행동을 바꾸거나, 나아가서는 평소 '한계'라고 생각한 것들을 뛰어넘는 것이 가능함을 보여주고 싶었던 것이죠.

이뿐만이 아닙니다. 스키너는 이런 생각을 개개의 유기체에만 한정하지 않고 사회 전체로 확장시킨답니다. 그래서 탄생한 책이 ≪월든 2≫와 ≪자유와 존엄을 넘어서≫입니다. 스키너가 작가 지망생이었다는 것을 기억하나요? 실제 작품을 여러 출판사에 보내봤지만 번번이 퇴짜를 받았지요. 이 미련 때문일까요? 스키너는 사회에 대한 심리학적 통찰을 담은 이 두 권의 책을 소설의 형식을 빌어서 썼습니다.

우선 ≪월든 2(Walden Two)≫에서 스키너는 자신이 꿈꾸는 이상사회를 펼쳐놓습니다. 제목은 철학자이자 수필가인 헨리 데이비드 소로(Henry David Threau, 1817~1862년)의 저 유명한 저서 ≪월든(Walden)≫에서 따왔는데, 여기에서 스키너는 인간이 가장 행복할 수 있는 조건들을 만들어 나가는 소규모 공동사회를 이상사회로 제시합니다. 심리학적 이상사회에 대한 서술을 통해 스키너는, 인간은 점점 더 나아지려는 욕구를 지니고 있으며 그 잠재력은 위대하다고 강조하지요.

또 ≪자유와 존엄을 넘어서(beyond freedom and dignity)≫에서는 인간과 문화에 대한 생각을 밝힙니다. 이 책에서 스키너는 무서운 속도로 발전해온 과학·기술에 비해 실제 인간의 수준은 얼마나 발전했는지 묻습니다. 스스로를 통제하기도 힘든 인간은 이기적인 욕망에 사로잡혀 발전된 기술력으로 원자탄 같은 인류를 파괴할 만한 것들을 만들어냅니다. 제도나 문화 역시 마찬가지죠. 하지만 인간의 수준은 아직 미개하기 이를 데 없습니다. 스키너는 인류가 안고 있는 이 같은 문제들을 해결하기 위해 인간 행동의 개선이 필요하다고 말합니다.

스키너는 인간의 행동을 일으키고 변화시키는 것은 자유와 존엄을 누리는 인간 내면의 어떤 것이 아니라 '환경'이라고 생각했습니다. 행동을 강화하는 긍정적인(혹은 부정적) 요인들을 통해 인간행동을 다듬어 나갈 수 있다는 것이 스키너의 일관된 주장이지요.

그렇다고 해서 스키너가 인간을 그저 주어지는 대로 행동하고 변화하는 소극적인 개체로 본 것은 아닙니다. 인간은 능동적으로 배우려는 존재로, 언제나 긍정적인 강화를 받길 원하며 진보하기를 바라는 개체라는 점을 강조하지요. 그래서 스키너는 이상적이고 건강한 행동주의적 학습이 능동적인 우리 인간들에게 제대로 주어진다면, 교육과 사회를 이상적으로 만들 것이라고 생각했답니다.

PART 04 : 인간의 자유의지

도박처럼
어리석은 행동을 하는 이유

○● 강박에 사로잡히는 이유

행동주의 심리학의 기본적인 생각은, 조건을 잘 만들어주면 유기체의 행동을 바꾸고 결국 한계를 뛰어넘게 만든다는 것입니다. 조건형성을 조작한다면 말이죠. 그런데 이런 의문이 드는군요. 이렇게 조건형성을 조작하는 게 좋은 것일까요?

조건형성을 한 결과가 긍정적이라면 아마 그럴 것입니다. 행동이 바람직하게 바뀌거나 긍정적 한계를 뛰어넘어 진보했다면 말이죠. 그런데 부정적인 것이라면 어떨까요? 조작적 조건형성은 어리석음의 한계를 넘어선 행동도 하게 만들지는 않을까요?

'아, 이제 정말 오지 않으려나 보다.'

몇 주 동안 하루도 그르지 않고 카페에 들러 시간을 보낸 끝에, 규현 씨는 씁쓸하지만 이제 그리 슬프지는 않은 깨달음을 얻은 모양입니다.

'이제 속만 쓰리게 하는 커피 따윈 다시 마시러 오지 않을 테다.'

규현 씨는 주섬주섬 가방을 싸고 일어섰습니다. 이제 미련이랑 완전히 버리리라 마음을 다잡으며 카페 문 쪽으로 돌아섰습니다. 그 순간 놀라운 일이 일어났습니다. 카페 문이 열리더니 거짓말처럼 수지 씨가 들어온 것입니다. 규현 씨는 그대로 얼어붙고 말았습니다. 몸을 조금도 움직일 수 없었죠. 카페로 들어선 수지 씨는 규현 씨를 발견하고 어색한 인사를 건넵니다. 규현 씨도 뭔가 한마디 대꾸를 했습니다. 하지만 자신이 무슨 말을 하는지는 알지 못했습니다. 꿈같은 순간에서 깨어나 보니, 수지 씨는 이미 커피를 산 다음 카페를 나가고 없네요.

비극은 여기에서 시작되었습니다. 이제 규현 씨는 매일 아침부터 카페로 달려갔습니다. 그러고는 카페 문을 닫을 때까지, 카페인 때문에 심장이 뛰고 손이 떨릴 때까지, 술에 취하듯 카페인에 흠뻑 취할 때까지, 커피를 들이켜고 또 들이켰습니다. 창밖을 하염없이 바라보면서 말이지요.

이제 규현 씨는 이곳을 한순간도 떠날 수 없게 되었습니다. 잠복근무하는 경찰관조차 흉내 못 낼 정도로 우직하게 자리를 지키고 앉아 있었습니다. 또 언제 수지 씨와 마주칠지 알 수 없다는 생각이 규현 씨를 그 카페에 묶어둔 것이지요.

실연을 당했다고 누구나 규현 씨와 같은 집착을 하지는 않습니다. 그렇다고 아주 없는 일은 아니에요. 카페에서 우연히 수지 씨를 본 다음에는 더욱 집착하게 된 규현 씨. 그런데 이런 집착은 어디에서 비롯된 걸까요? 스키너의 실험은 이에 대한 답을 줍니다.

스키너는 쥐 실험상자를 통해 행동을 조작할 수 있음을 보여주었습니다. 어떤 행동을 강화하거나 소거할 수 있었지요. 그렇다면 어리석은 행동을 하게 만들 수도 있을까요? 만약 스키너가 이런 의문을 가졌다면 어떻게 했을까요? 당장 실험을 해보았겠지요. 하지만 어떻게?

스키너는 쥐가 어리석은 강박행동을 하게 만드는 실험을 고안해냈습니다. 방법은 간단했습니다. 지렛대 누르기라는 행동을 강화하려 할 때, 지렛대를 누를 때마다 먹이를 주었던 것을 기억하나요? 이번에는 어떤 때는 지렛대를 수없이 누른 다음에야 먹이를 주고 어떤 때는 단 한번 눌렀는데도 주고, 또 어떤 때는 수없이 누르고 난 다음에도 주지 않았답니다. 그야말로 스키너 마음대로 먹이를 주기도 하고 주지 않기도 한 것이죠.

만약 여러분이 쥐라면 어떻게 했을까요? 아마도 '에잇, 치사하군! 이제 다시 지렛대 누르나 봐라!'라고 하지 않았을까요? 보통은 그렇게 생각하지요. 그런데 쥐가 보인 반응은 그 반대였답니다. 마치 신들린 듯이 지렛대를 마구 눌러댔거든요. 언제 주어질지 모르는 먹이에 대한 강박적인 희망에 완전히 사로잡힌 것처럼 말이죠.

강박에 사로잡힌 쥐의 모습. 왠지 익숙하지 않나요? 소설이나 드라마, 영화 속에 간혹 등장하는, 한 방을 기대하며 전 재산을 팔아 화투판에서 날을 새우는 사람들의 모습이 떠오르지 않나요? 도박으로 재산을 탕진했다는 이웃이나, 뉴스에 더러 등장하는 가진 돈을 카지노에서 모두 날린 도박꾼들도 있지요. 그리고 멀리 갈 필요도 없이, 규현 씨가 있군요.

카페에서 잠복근무⑺ 중인 규현 씨나 대체 무슨 생각으로 그러는지 알 수 없이 도박에 집착하는 도박꾼들의 어리석은 심리를 이해하기 위해, 우리는 그들의 내면을 장황하게 해석할 필요가 없습니다. 불규칙하게 주어지는, 언제 주어질지 모르는 보상, 강화. 이 한 마디면 끝나는 거지요.

도박꾼이 이처럼 강박증에 사로잡히는 이유는 보상이 언제 주어질지 모르기 때문입니다. 보상이 비정기적으로 이루어질 때 행동이 소거되기가 가장 어렵지요. 쉽게 말해, 보상이 불확실할 때 인간은 더 목을 매게 되고 그 행동을 멈추기가 어렵다는 것입니다. 수지 씨라는 잊기 힘든 보상이 언제 주어질지 모르기 때문에 규현 씨가 카페를 떠나기 더 힘들어졌다는 말이지요.

○● 행동을 강화하는 다양한 방법들

보상이 언제 주어질지 모를 때 행동이 더욱 강화된다는 사실은, 행동을 강화하는 방법에 대한 실마리를 제공합니다. 보상을 어떻게 하느냐, 즉 강화물을 어떤 방식으로 제공하느냐에 따라 행동을 더욱 강화할 수 있다는 것이죠. 실제로 스키너는 행동을 강화하는 방법에 대해 설명하고 있습니다. 흔히 스키너의 강화계획이라고 부르는 이 방법들은 실제 생활에서도 많이 사용되고 있답니다. 대표적인 것은 고정비율 강화계획, 고정간격 강화계획, 변동간격 강화계획 등이 있지요.

수정이 가족은 상하이반점의 오랜 고객입니다. 배달 주문을 위해 전화를 걸 때 주소를 말할 필요가 없어요. 모든 종업원이 아파트 이름은 물론 동, 호수까지 줄줄 외고 있으니까요.

수정이는 특히 상하이반점을 좋아합니다. 상하이반점에서는 음식을 시켜 먹으면 쿠폰을 주는데, 10장을 모으면 군만두, 30장을 모으면 탕수육을 무료로 주지요. 탕수육은 수정이가 좋아하는 메뉴입니다. 게다가 찹쌀을 섞어 반죽한 상하이반점의 탕수육은 맛이 일품입니다. 겉은 바삭하고 속은 부드러워 다른 중국집에서는 흉내 내기도 어려운 맛이죠.

어느 날 수정이는 모아놓은 쿠폰을 세어보았습니다. 모두 25장. 드디어 탕수육의 고지가 눈앞으로 다가왔습니다. 수정이는 탕수육이 눈앞에 왔다 갔다 하는 것 같았습니다. 그날 수정이 가족은 점심으로 자장면을 시켜먹었습니다. 그리고 저녁에는 짬뽕을 시켜먹었죠. 짬뽕은 북경반점이 더 낫다는 아빠의 말에도 아랑곳하지 않고 말이죠. 그리고 마침내 무료 탕수육과 맞바꿀 수 있는 쿠폰 30장을 손에 넣었답니다.

중국집 쿠폰이나 항공사 마일리지 같은 것은 고정비율 강화계획의 예입니다. 일정하게 정해진 비율대로 강화물을 제공함으로써 행동을 강화하는 것이죠. 항공사 마일리지의 경우, 항공사가 미리 정해놓은 거리(마일 단위로 계산합니다)를 비행하면 마일리지라는 강화물을 주는 것입니다. 또 상하이반점의 경우에는 주문한 요리가 30그릇이 될 때마다 탕수육이라는 강화물을 주지요.

정해진 비율마다 주어지는 강화물, 즉 마일리지와 탕수육을 얻기 위해 사람들은 그 항공사와 그 중국집을 더 열심히 이용하게 됩니다. 이처럼 고정된 비율을 이용해 행동을 강화한다는 의미에서 고정비율 강화계획이라 부르는 이 방법은, 단골 고객을 확보하려는 마케팅에서 자주 사용됩니다.

다음은 고정간격 강화계획. 눈치 빠른 여러분은 아마 '고정간격'이라는 말에서 일정한 간격으로 강화물이 주어진다는 뜻을 알아차렸을 거예요. 맞습니다. 직장인들의 월급이 고정간격 강화계획의 대표적인 예이죠.

매달 25일(혹은 정해진 다른 날)이 되면 꼬박꼬박 입금되는 월급은, 아침마다 잠이 덜 깬 수많은 직장인들이 콩나물시루 같은 버스나 지하철에 몸을 싣는 원동력입니다. 월급이라는 강화물이 있기 때문에 많은 사람들이 힘들어하면서도 출근과 퇴근을 반복하는 것이지요.

그렇다면 변동간격 강화계획은 어떤 것일까요? 강화물이 주어지는 간격이 정해져 있지 않다는 뜻이겠지요.

경기도에 사는 김 선생님은 학교가 있는 서울까지 광역버스를 타고 출근합니다. 김 선생님이 타는 광역버스의 배차간격은 25분이지요. 그러나 버스가 도착하는 시간은 전철처럼 정확하지 않습니다. 15분 만에 올 때도 있고 30분 만에 올 때도 있지요. 다만 평균적으로 25분이라고 할 수 있는 정도예요.

결국 김 선생님은 출근시간이 가까워지면 버스를 놓칠까 봐 서둘러 집을 나섭니다. 버스가 도착하기로 되어 있는 시간보다 10분 전에 버스 정류장에 도착하려고 걸음을 재촉하죠.

재미있는 사실은 그 시간이 되면 김 선생님 말고도 잰걸음으로 정류장을 향하는 사람이 많다는 것입니다. 그 동네 살면서 광역버스를 타는 사람이라면 누구나 경험해봤을 거예요.

버스의 배차 간격은 정해져 있지만, 변화가 많은 교통상황과 신호등 같은 변수들로 인해 버스들이 정류장마다 도착시간을 정확히 지키기란 어려워요. 그러니 버스로 출퇴근을 하는 사람들은 전철을 이용하는 사람들보다 더 서둘러 정류장으로 나가게 됩니다. 이렇게 정확한 시간 간격이 정해져 있지 않고 평균적으로 일정하게 강화물이 주어지는 경우에도 행동이 강화됩니다. 이런 방법으로 행동을 강화하는 것을 변동간격 강화 계획이라고 하지요.

○● 인간의 자유의지

강화물을 제공하거나 박탈하는 것으로 인간이나 동물의 행동을 강화하거나 소거하기도 하고, 어리석은 행동도 하게 만든다는 스키너의 실험결과는 꽤나 충격적입니다. 사람의 행동을 이렇게 마음먹은 대로 바꾸는 게 가능하다면, 누군가 이것을 이용해 사람들을 조종하려 들지는 않을까요? 공상과학 영화의 한 장면처럼, 혹시 우리도 어느 날 쥐도 새도 모르게 상자에 갇혀서 신들린 듯이 지렛대를 누르게 되는 것은 아닐까요? 생각만 해도 끔찍한 일입니다.

또 인간의 행동이 이렇게 만들어질 수 있다면 우리가 도덕 시간에 배운 인간의 '자유의지'라는 건 대체 무엇일까요? 그런 게 있기나 한 걸까요?

많은 사람들은 이런 걱정과 의심을 가졌습니다. 때문에 스키너는 많은 논란과 오해에 휩싸인 채 살았지요. 스키너를 오해하고 싫어한 사람들은 그가 인간의 자유의지나 존엄을 완전히 무시한다고 비난했습니다. 그가 인간을 쥐나 비둘기와 같은 줄에 세우고 쥐를 훈련시키는 방식으로 인간을 훈련시킬 수 있다고 믿는다고 말이죠. 게다가 자신의 둘째딸까지 상자에 가둬 키운다고 비난했습니다. 스키너에 대한 많은 오해 중 하나가 바로 이것입니다. 스키너가 자신의 둘째딸 데보라를 실험용 쥐처럼 상자에 가둬 길렀다는 것이지요.

실제로 스키너는 딸을 위한 상자를 제작했고, 둘째딸 데보라는 그곳에서 놀면서 많은 시간을 보냈습니다. 그렇지만 그는 딸을 쥐나 비둘기처럼 훈련시키려 한 것은 아니었습니다. 그 상자는 벽과 바닥이 모두 폭신하게 만들어졌고 온도와 습도 조절장치까지 달려 있어, 아이에게는 쾌적하고 안락한 공간이었습니다.

또 아이가 그 안에서 장난감을 만지고 당기고 입에 물며 놀 수 있도록 갖가지 장난감을 매달아놓은 놀이터와 같았어요. 예컨대, 아이가 벽에 매달린 딸랑이를 당길 때마다 위쪽에 달린 조명이 깜빡거립니다. 아이는 깜빡거리는 조명을 보며 박수를 치며 좋아하다가 다시 다른 놀이에 열중하지요.

스키너는 아이에게 보상을 주어 어떤 행동을 하게 만든 것이 아닙니다. 처벌로 위협하지도 않았습니다. 오히려 진정으로 유익한 환경을 만들어주고자 한 것이죠. 아이가 어려서부터 유익한 환경과 많이 접촉하면, 위협에 대한 두려움 없이 자신 있게 살아가는 사람으로 커갈 것이라고 믿었기 때문이랍니다.

또한 사람들이 염려한 것과는 달리 스키너는 인간의 자유의지나 존엄을 부정하지 않았습니다. 다만 우리가 인간의 자유의지나 존엄이 중요하다고 강조하고 그것을 지켜야 한다고 배우면서도, 어떻게 지켜야 하는지는 배운 적이 없다고 지적하지요. 또 인간의 자유와 존엄은 마냥 찬양한다고 해서 지켜지는 것이 아니라고 강조했습니다.

환경을 떠나 살아가는 인간은 생각할 수 없습니다. 따라서 인간의 자유와 존엄이 가능한 환경을 만들어 제공하는 것이 우리 인간에게는 무엇보다도 중요합니다. 따라서 우리가 좋은 환경을 만드는 데 집중한다면, 반드시 더 나은 인간이 나오게 될 것이라는 것이 스키너의 신념이었답니다.

스키너와 그의 딸들

스키너는 아이에게 좋은 환경을 만들어주면 아이가 자신만만한 사람으로 커갈 것이라고 믿었습니다. 그러나 이것은 스키너를 반대하는 사람들에게 좋은 빌미가 되었습니다. 상자에 가둬 키웠기 때문에 둘째딸 데보라가 정신병을 일으키고 스스로 권총 자살했다며 스키너를 비난했지요. 하지만 이것은 사실이 아닙니다. 많은 사람들이 자살했다고 믿었던 데보라는 영국에서 화가로 활동하며 살았습니다. 또 첫째딸 줄리는 교육학 교수되었습니다. 이들은 강아지에게 숨바꼭질을 가르치고 고양이가 피아노를 치게끔 훈련시켰던 자상하고 사랑 많은 아버지에게 깊은 애정을 갖고 있었다고 합니다.

○● 벌보다는 상이 좋아

이미 살펴본 것처럼 보상은 행동을 강화하고 처벌은 행동을 소거합니다. 결국 둘 다 행동을 변화시키지요. 그래서 행동의 변화를 바랄 때 우리는 보상이나 처벌 가운데 하나를 선택할 수 있습니다.

그렇다면 행동을 변화시키는 데 더 효과적인 것은 무엇일까요? 처벌이나 보상을 받는 쪽의 입장에서 보면 당연히 보상이 더 좋겠지요. 그러나 일반적으로 우리는 보상보다 벌에 더 익숙합니다. 칭찬에는 인색하고 잘못에 대한 처벌에는 열심인 사회에 살기 때문인 것 같습니다.

스키너의 생각은 어떨까요? 이 부분에 대해 과학적 연구를 한 스키너 자신은 처벌을 그리 달가워하지 않았습니다. 좀 더 넓게 바라보았을 때, 즉 정치적 관점에서 권력층이 행사하는 처벌의 해악을 다음과 같이 경고하기도 했지요.

> 현대사회에서 가장 일반적인 통제기술은 벌이다. 벌의 패턴은 친숙하다. 만약 누군가가 당신이 바라는 대로 행동하지 않는다면 그를 때려 눕혀라. 아이가 못된 짓을 한다면 볼기를 때리고, 국민이 나쁜 일을 한다면 폭탄을 떨어뜨려라. 법과 경찰 조직은 벌금, 태형, 투옥, 중노동 등의 처벌 위에 세워졌다. 종교적 통제는 고해성사, 파문, 지옥불에 떨어진다는 협박을 통해 위력을 발휘한다. (그러나) 처벌이 반응에 대한 경향을 영구적으로 감소시키지 못한다는 사실은 프로이트가 억압된 욕망이라고 부른 생존활동의 발견과 일치한다.
>
> - 《자유와 존엄을 넘어서》, 1971년

여기에서 스키너는, 현대사회는 정치적으로는 법과 경찰 조직을 통해, 종교적으로는 협박을 통해 사람들을 통제하려 하지만, 이 같은 처벌은 영구적인 효과가 없다는 것을 지적하고 있습니다. 또 이것은 프로이트의 설명대로 욕망을 억압하면 욕망이 그 순간에는 사라져 보여도 무의식에 잠겨 있다가 어느 순간 다른 형태로 드러날 수 있는 것과 같다고 말합니다.

스키너는 수많은 실험을 통해 인간의 과오를 바로잡는 데 있어 처벌은 별 도움이 되지 않는다는 사실을 깨달았습니다. 오히려 긍정적 강화를 할 때, 인간은 발전하는 모습을 보이곤 했습니다. 그는 체벌을 비롯한 처벌은 동물에게도 인간에게도 금지되어야 한다고 생각했고, 그의 영향으로 미국의 캘리포니아 주에서는 '체벌금지 법안'이 통과되기도 했습니다. 스키너는 처벌로 굴욕감을 주는 대신 인간 안에 있는 가장 훌륭한 자아를 이끌어낼 창의적이고 적응력 있는 환경을 제공하는 것이 우리가 해야 할 일이라고 믿었습니다.

스키너의 조작적 조건형성의 원리는 오늘날 교육, 스포츠, 직장, 가정에서 널리 사용되고 있습니다. 교육 프로그램 개발자들은 학생들의 학업성취를 높이기 위해 학생들을 격려하며 나아갈 방향을 제시하는 프로그램들을 개발했습니다. 야구나 골프 같은 스포츠계에서는 처음 배우는 초심자들에게 쉬운 과제부터 도전하여 성공하게 하고, 격려로 강화를 받아 점진적으로 과제의 난이도를 높여 나가게 하는 행동조성의 원리를 응용하고 있습니다.

이뿐만이 아닙니다. 직장에서는 성과가 좋은 직원에게 인센티브를 제공하고, 가정에서는 칭찬으로 자녀를 양육하는 부모가 늘고 있습니다. 실제로 잘못에 대한 처벌이나 훈계보다는 잘한 행동에 대한 관심과 칭찬이 아이를 올바르게 자라게 한다는 데 많은 전문가들과 부모들이 동의하고 있습니다.

행동조성이란?

강화물을 이용해 유기체의 행동을 원하는 행동으로 점진적으로 이끌어 나가는 것을 행동조성이라고 합니다. 스키너의 쥐도 처음부터 지렛대를 밟지는 않았을 것입니다. 지렛대에 가까이 가면 먹이를 주고, 지렛대에 관심을 가질 때에도 먹이를 주는 식으로 점진적으로 쥐가 지렛대를 밟도록 유도한 것이지요. 그후 쥐가 지렛대를 밟으면 (마침내 요구되는 행동에 도달한 것이므로) 그때부터는 지렛대를 밟을 때에만 먹이를 주고, 예전에 먹이를 줬던 행동들에는 먹이를 주지 않습니다. 이것이 '행동조성'입니다.

행동조성은 자립적인 생활이 어려운 자폐환자나 조현증(정신분열증의 새로운 이름, 6장 참고) 환자들을 돌볼 때에도 응용됩니다.

PART 05 : 모방 능력과 관찰의 중요성

보는 것으로도 배운다

○● 관찰학습

　　　　　　지금까지 이야기한 것들을 한번 되새겨볼까요? 바스락거리는 소리에 대처하는 방법을 배워 살아남은 꽃사슴, 종소리가 나면 고기가 온다는 것을 알게 된 개, 그리고 지렛대를 누르면 먹이라는 보상이 주어질 것임을 알고 열심히 지렛대를 누르는 쥐, 수지 씨라는 불규칙한 보상에 사로잡혀 기다림이라는 행동을 소거하지 못하는 규현 씨……. 이 모든 과정은 경험을 통해 배우는 것, 즉 학습과 관련되어 있습니다.

　행동주의는 학습과 필연적인 관계가 있습니다. 파블로프는 유기체가 두 자극(사건)을 연합하는 것을 가리켜 학습한다고 했고, 스키너는 행동에 대한 강화와 처벌을 연합해서 계속해야 할 행동과 하지 말아야 할 행동을 학습하게 된다고 했으니까요. 그런데 모든 학습이 다 파블로프식 조건형성과 스키너의 조작적 조건형성의 원리로 설명되는 것은 아닙니다. 뇌과학이 발전하면서 외부적으로 주어진 조건 말고도 학습과 연관된 유기체 내부의 인지과정이 분명히 존재한다는 것이 밝혀지기도 했지요.

행동주의 학자들도 인간이나 동물이 직접적인 경험을 통해서만 배우는 것이 아니라는 것을 알고 있었어요. 꼭 직접 경험하지 않더라도 '보는 것'으로도 우리는 배웁니다. 이것을 관찰학습이라고 하지요. 인간은 보상이 주어지지 않아도, 보는 것만으로도 대상을 학습할 수 있습니다. 이 관찰학습에 대해 유명한 실험을 한 심리학자가 있어요. 바로 앨버트 밴두러(Albert Bandura, 1925년 출생)입니다. 주로 어린 아이들과 인형으로 실험했는데, 지금부터 그 내용을 살펴볼게요.

○● 보보인형 실험

밴두러의 실험 가운데 가장 유명한 것은 '보보인형 실험'입니다. 실험자 앞에는 세 개의 방을 보여주는 세 개의 모니터 화면이 놓여 있습니다.

첫 번째 방 안에는 커다란 인형이 놓여 있습니다. 넘어뜨려도 다시 일어나는 오뚝이 인형인데, 그 이름이 바로 '보보인형'입니다. 그 옆에는 취학 전 연령의 아이와 어른이 서 있습니다. 그런데 어른의 행동이 좀 이상합니다. 보보인형을 마구 때리며 고함을 칩니다. 아이는 그 사람의 행동을 지켜보고 있습니다.

잠시 후, 아이는 다른 방으로 안내를 받습니다. 그 방에는 온갖 장난감으로 가득했지요. 아이를 방으로 안내한 사람은 아이에게 맘껏 놀아도 된다고 알려줍니다. 그러나 아이가 장난감을 가지고 놀기 시작하면 이내 그 방을 다른 아이들을 위해 비워주어야 한다고 말하고, 아이를 세 번째 방으로 데려갑니다.

이번 방에는 보보인형과 장난감 몇 개만 있을 뿐입니다. 아까 보보인형을 마구 때리던 어른은 보이지 않습니다. 안내해준 사람도 방을 나갔습니다. 이제 방에는 아이와 보보인형, 장난감 몇 개만 남습니다.

아이는 어떤 행동을 하게 될까요? 결과는 꽤나 충격적입니다. 장난감이 가득한 방을 빼앗기고 속이 상해 있던 아이는 첫 번째 방에서 보았던 어른의 행동을 그대로 따라합니다. 죄 없는 보보인형을 마구 때리고 고함을 지른 것이죠.

이것이 밴두러가 보보인형으로 어린이들과 함께한 실험의 내용입니다. 보보인형을 때리는 어른을 본 아이들은 보지 않은 아이들에 비해 훨씬 더 많이 폭력을 휘둘렀습니다. 보지 않은 아이들은 거의 폭력을 행사하지 않았어요. 그 아이들은 보보인형에 관심을 안 보이고 다른 장난감을 가지고 놀았고, 간혹 보보인형에 관심을 보이는 아이가 있다고 해도 가볍게 건드리는 정도였답니다.

○● 모방하는 능력과 관찰의 중요성

밴두러에 따르면, 모방하는 능력은 인간에게서 가장 뚜렷이 드러납니다. 당연한 사실이겠죠? 아무려면 다른 동물보다 우리 인간이 더 잘 보고 더 잘 배우지 않겠어요?

아무튼 이처럼 보고 배우는 것을 모델링이라고 합니다. 특정 행동을 관찰하고 흉내 내는 것이지요. 당연히 모델이 되는 사람의 행동이 관찰자에게 많은 영향을 주게 됩니다. 따라서 누가 모델이 되는지가 중요하지요. 특히 그 행동이 강화(혹은 보상)를 받는 것처럼 보일 때, 모델의 이미지가 긍정적이고 호감이 갈 때, 그 행동이 관찰자가 충분히 모방할 만한 것일 때, 또 모델이 관찰자와 유사하다고 생각될 때, 영향력은 더 커집니다.

심리학자들이 텔레비전에 대해 많은 연구를 하는 것도 이 때문입니다. 텔레비전은 '관찰'하는 방식으로 즐기는 매체이기 때문이지요. 예컨대, 심리학자들은 텔레비전 속에서의 폭력과 시청자의 폭력 사이에는 어떤 관계가 있는지 많은 연구를 했습니다. 결과만 이야기하자면, 이 둘 사이에 뚜렷하게 인과관계가 있다고 말할 수는 없어요. 그렇지만 대부분의 실험에서 '텔레비전에 나오는 폭력적 행동'과 이를 시청하는 '시청자의 폭력적 행동'은 상당한 관련이 있다는 결론이 났습니다.

텔레비전에 나오는 대부분의 주인공들은 매력적입니다. 매력적인 주인공의 폭력을 본 사람들은 화났을 때 그렇지 않은 사람에 비해 더 쉽게 폭력적으로 행동하게 됩니다. 또 폭력적인 매체에 반복적으로 노출

될수록 폭력적 상황에 둔감해지고 피해자의 고통에 무감각해지게 됩니다. 매력적인 주인공이 모델이 될 때는 영향력이 더욱 커지지요.

하지만 문제는 꼭 그런 것은 아니라는 것입니다. 혐오스러운 범죄를 따라하는 모방범죄도 있으니까요. 그런데 그건 왜일까요? 밴두러는 이에 대해, 어린아이들처럼 판단력이 떨어지는 사람들은 모델의 행동이 바람직한 것이냐 아니냐에 대한 판단 없이 무조건 모방하는 경향이 있기 때문이라고 설명했습니다. 그래서 더욱 심각한 문제라고 할 수 있지요. 세상에는 정의를 위해 싸우는 '폭력적인' 영웅만큼이나 '혐오스러운' 범죄자들도 많으니까요.

3장

인본주의 심리학

건강한 마음을 다루는 심리학

PART 01 : 자아실현

건강한 마음으로 가는 길

○● 인본주의 심리학의 등장

파블로프에서 시작해 스키너와 밴두러를 거치면서, 우리는 유기체를 둘러싼 환경의 힘과 학습의 원리에 주목하게 되었습니다. 하지만 행동주의는 정신분석의 관념성을 지적하며 인간의 심적 상태를 심리학의 연구대상에서 야멸차게 제외시켰지요. 이처럼 비타협적인 태도로 인해 행동주의는 정신분석이 그랬던 것처럼 새로운 세력의 도전을 받게 됩니다. 정신분석을 1세대, 행동주의를 2세대라고 한다면, 3세대 심리학이라고 할 수 있는 인본주의 심리학이 출현한 것이죠.

인본주의 심리학은, 무의식의 지배를 받는 정신분석학의 인간관과 환경에 의해 통제되는 행동주의의 인간관이 인간을 과소평가하는 전통이라고 비판합니다. 그리고 인간 고유의 본성과 잠재력에 대한 믿음을 바탕으로 새로운 심리학 흐름을 만들어 나가지요.

20세기에 들어서 심리학계를 주도한 행동주의자들은, 유기체로서 인간의 행동을 과학적으로 연구하고 분석하는 데에 지나치게 관심을 쏟았습니다. 그 때문에 인간이 느끼고 생각하는 개인이라는 점이 상대적으로 무시되었지요. 또 '파블로프의 개'와 같은 동물실험에서 나온 결과를 인간에게 적용하는 데 치중했다는 평가를 들었답니다. 한편, 이 시기 행동주의자들은 인간의 초기 경험이 성격을 결정짓는다는 정신분석학의 결정론적 관점에 반대합니다. 환경에 따라 얼마든지 바뀔 수 있다고 본 것이죠.

이에 반해 인본주의자들은, 사람은 자신의 생활과 행동에 책임을 지고 인식과 의지를 통해서 언제라도 자신의 태도와 행동을 창조적으로 변화시킬 수 있다고 믿습니다. 인간을 환경에 의해 혹은 과거 경험에 따라 수동적으로 결정되는 존재가 아니라 본연의 성장 잠재력이 있는 존재로 보았으니까요.

인본주의(人本主義) 심리학은 말 그대로 인간을 근본에 놓고 사고하려는 심리학파입니다. 모든 인간은 한 개인으로서 제각각 독특한 존재이므로, 상담자나 심리학자는 내담자나 인간을 독특한 한 개인으로 인식하고 다루어야 한다고 생각한 것이지요.

이제, 본격적으로 인본주의 심리학을 만나러 가볼까요.

○○ 자아실현

지금도 대학에 가기 쉽지 않지만, 예전에는 정말 힘들었습니다. 학비도 부담이 되었지만 당장 먹고사는 게 급했기 때문에 대학 진학은 생각도 못 하는 경우가 허다했지요. 가난한 집안에서는 여러 형제 중 단 한 명만 대학에 보내는 경우도 많았어요. 시원 씨도 그런 경우였답니다.

시원 씨는 가난한 시골마을에서 7남매 중 장남으로 태어났습니다. 부모님은 학교 문턱에도 가보지 못한 촌부였지요. 부모님과 동생들은 시원 씨를 공부시키기 위해 많은 희생을 했습니다. 동생들은 초등학교나 중학교만 졸업하고 공장에 가서 돈을 벌어 장남인 시원 씨의 학비에 보탰습니다. 부모님은 시원 씨가 명문대학의 법대에 가서 법관이 되어 사회적으로 성공하고, 동생들과 부모님의 노고와 희생에 보답해주길 바랐습니다. 시원 씨는 부모님의 바람대로 열심히 공부해 명문대학 법대에 진학했습니다. 게다가 학교를 졸업하기도 전에 사법고시 1차 시험에 당당히 합격까지 했지요.

그러나 1차 시험 이후 시원 씨의 생각이 달라졌습니다. 교양 강의를 듣다 심리학이라는 새로운 세계, 새로운 학문을 접하면서 새로운 꿈을 꾸게 된 것이죠. 시원 씨는 도서관에 가서도 심리학을 공부하느라 시간을 보내고, 법학과 강의보다 심리학과 강의를 더 많이 듣기 시작했습니다.

시원 씨가 묵묵히 사법고시를 준비하는 줄 알고 계셨던 부모님은 시원 씨의 변화를 눈치 채고 노발대발하셨어요. 시원 씨도 그저 부모님의 바람대로 성실히 고시 준비에 몰두할 수 없는 자신이 원망스러웠습니다. 자신을 위해 학업을 포기한 동생들의 얼굴이 눈앞에 아른거렸습니다. 그러나 심리학으로 흐르는 마음은 어쩔 수가 없었죠.

시간이 흐르면서 심리학에 대한 시원 씨의 열정은 강해졌고, 그에 따라 가족과의 갈등도 더욱 커졌습니다. 괴로운 날들이었습니다. 아버지는 학비는 물론 생활비까지 모든 지원을 끊어버리셨어요.

시원 씨는 어둡고 추운 골방에 혼자 웅크리고 있자니 이보다 더 서글플 수는 없을 것 같았습니다. 배에서는 꼬르륵 소리가 구슬프게 울려퍼졌습니다. 그런데도 시원 씨는 지금까지의 삶이 마치 자기 자신의 것이 아닌 것처럼 느껴졌습니다. 강시원이라는 사람은 장남이라는 허울과 가족들의 희생과 기대를 빼버리면 아무것도 없는 꼭두각시 같았지요.

'진짜 나는 누굴까?'

스스로에게 이런 질문을 던지면서 시원 씨는 이제 더는 미룰 수 없음을 깨달았습니다. 계속해서 가족의 꼭두각시로 살 것인지, 자기 자신으로 살 것인지, 선택해야 할 순간이 온 것이지요. 가족의 바람을 배신하는 것은 고통스러웠어요. 그렇지만 그는 선택을 해야만 했습니다. 이제부터의 인생은 집안의 장남으로서가 아닌, 인간 강시원이 원하는 대로, 할 수 있는 한 자신의 모든 것을 발휘하며 살기로 했습니다. 그 순간, 그는 자신에 관한 모든 선택권이 자신에게 있음을 깨달았답니다.

시원 씨가 대학에, 그것도 법대에 진학한 이유는 법관이 되어 사회적으로 성공하고 부모님과 동생들에게 보답하기 위해서였지요. 예전에는 많은 사람들이 그렇게 대학에 진학하고 졸업을 했습니다. 하지만 그렇지 않은 경우도 많았어요. 자신이 하고 싶은 일, 잘하는 일을 하기 위해 선택한 것이 아니기 때문에 방황하다가 결국 전공을 바꾸는 사람들도 있었지요. 시원 씨도 그런 경우랍니다. 가족들과 갈등을 겪고 조금 돌아오기는 했지만, 결국 자기 인생을 스스로 선택한 것이지요.

이처럼 자기 인생을 스스로 선택하는 것, 자신의 잠재력을 믿고, 그것의 실현을 추구하며 살아가는 것, 이것을 자아실현이라고 합니다. 그리고 이 자아실현이 이제부터 이야기할 인본주의의 핵심이랍니다.

○● 사람에 대한 낙관적인 시각

인본주의 심리학에서는 인간의 독특한 특질, 특히 자유의지와 성장 잠재력을 중요하게 여깁니다. 인간은 누구나 성장할 가능성을 가지고 태어나고, 자신의 인생을 계획할 자유가 있다고 보는 것이죠. 이런 생각은 사람에 대한 낙관적인 시각에서 비롯됩니다.

인간은 일방적으로 환경의 지배만 받는 존재도 아니며, 무의식과 비합리적인 욕구에 끌려 다니기만 하는 존재도 아닙니다. 인본주의 이론가들은 인간을 충분히 의식적이고 합리적인 존재라고 가정하면서, 심리학이 인간적 성장에 주목해야 한다고 주장합니다. 왜냐하면 많은 사람들이 성장 가능성을 가지고 태어났음에도, 불안과 고통을 감수해야 한다는 어려움 때문에 성장을 회피하기 때문입니다. 그러나 역설적이게도, 진정한 성장을 회피하기 때문에 사람들은 더 큰 고통을 받게 된답니다. '어떤 위험도 감수하려 하지 않는다면 더 큰 위험에 처하게 된다'는 말도 있죠.

자신이 원하는 것을 선택하고 실현가능한 모든 것을 추구하며 사는 것. 이것이 가능할까요? 인본주의의 대표적인 이론가들, 에이브러햄 매슬로과 칼 로저스의 이야기를 들어보죠.

PART 02 : 욕구위계설

욕구에도 위아래가 있어

○● 매슬로와 건강한 심리학

 에이브러햄 매슬로(Abraham H. Maslow, 1908~1970년)
는 뉴욕 브루클린 빈민가에서 일곱 형제 중 첫째로 태어났습니다. 그의 부모는 유대계 러시아인으로 미국으로 이주한 사람들이었습니다. 이후 사업으로 돈을 벌었지만 교육을 받지 못한 매슬로의 아버지는 영특한 맏아들을 법률가로 만들고 싶어 했습니다. 하지만 매슬로는 심리학자가 되고 싶었지요. 마치 시원 씨처럼 말이에요.

 아무튼 매슬로는 원숭이로 '사랑의 본질'을 연구한 해리 할로의 제자가 되었습니다. 해리 할로(Harry F. Harlow, 1905~1981년)는 인간의 사회적 상호작용을 연구하기 위해 어미원숭이와 새끼원숭이로 많은 실험을 한 심리학자입니다.

매슬로는 딸을 얻은 다음, "자식이 있는 사람은 누구라도 행동주의를 할 수 없다"는 유명한 말을 남기며 행동주의를 버렸습니다. 딸이 태어나는 과정을 옆에서 지켜본 그는, 이 경험을 자신의 절정경험 중 하나로 소개하고 있습니다. 생명 탄생의 순간은 경이롭고 아름다우며, 흥분되고 기뻤던 것이지요. 그리고 행동주의 심리학과 정신분석을 넘어선 제3의 길을 제안하게 됩니다.

매슬로는 심리학이 심리적 문제의 원인을 찾는 대신 건강한 성격의 본질을 찾는 데 집중해야 한다고 생각했습니다. 그때까지 심리학자들은 불안, 적대감, 노이로제에 대해서는 넘치도록 많은 연구를 했지만, 기쁨, 창의성, 그리고 자아실현에 대해서는 거의 연구하지 않았거든요. 그의 이런 생각을 잘 드러내는 유명한 말이 있습니다.

"프로이트가 우리에게 반쯤 병든 심리학을 가져다주었다면, 이제 우리는 나머지 절반을 건강한 심리학으로 만들어야 한다."

매슬로는 나머지 절반을 건강한 심리학으로 만들기 위해 많은 연구를 합니다. 그리고 그는 개인의 자아실현에 대해 이해하는 데 가장 많이 공헌한 심리학자로 꼽히며, 건강심리학자로 분류됩니다.

○● 욕구위계

인간에게는 다양한 욕구가 있습니다. 매일매일 많은 욕구를 느끼고 그것을 해결하며 살아가지요. 배고픔을 해결하기 위해 요리를 하고, 시험을 잘 보기 위해 쏟아지는 잠을 참으며 공부하고, 안정적인 생활을 위해 직장을 구합니다. 욕구는 고통을 주거나 문제를 일으키기도 하지만 인간을 움직이게 만들기도 합니다. 그래서 매슬로는 욕구가 인간을 움직이는 동기라고 보았습니다. 그렇다면 당연히 욕구에 대해 제대로 알아야 하겠지요?

욕구를 이해하는 것이 중요한 이유는 또 있습니다. 욕구는 인간을 훨씬 광범위하게 설명해주기 때문이지요. 그래서 매슬로는 인간의 다양하고 많은 욕구를 설명하고, 거기서 건강한 성격의 본질을 찾아내려 했습니다.

매슬로는 기본적 생존 욕구를 다루는 것에 관심을 가졌습니다. 기본적인 생존 욕구가 해결되지 않으면, 심리적 욕구 혹은 안전에 대한 욕구도 해결할 수 없습니다. 개인의 잠재력 실현, 즉 자아실현도 멀기만 하죠. 다시 말해, 기본적인 생존 욕구는 다른 욕구의 필요조건이라 할 수 있습니다. 기본적 욕구들이 충족되지 않는다면 자아실현이라는 것에 대해 그렇게까지 관심을 가지지 않고, 사회 또한 문화의 발달에 힘쓸 수 없을 것입니다. 한 마디로 말해, 욕구 중에도 먼저 해결해야 하는 욕구가 있다는 것입니다. 위아래가 있다는 말이지요. 이것을 욕구위계라고 합니다.

매슬로의 이론에서 가장 대표적인 개념이 바로 '욕구위계'입니다. 욕구위계가 무엇인지 이해하기 위해, 다시 시원 씨의 방으로 가볼까요?

부모님의 지원이 끊긴 후에도 시원 씨는 심리학자가 되겠다는 꿈을 포기할 수 없었습니다. 주린 배를 움켜쥐고 이를 악문 채 심리학 책을 펼쳤습니다. 그런데 눈앞이 핑핑 돕니다. 마지막으로 밥을 먹은 게 언젠지 기억이 안 나네요. 심리학이고 뭐고, 머리에 하나도 들어오지 않고 뱃속에서는 천둥소리가 납니다. 다행히도 아사 직전에 친구 규현 씨가 놀러왔습니다. 규현 씨는 굶주려 쓰러진 친구를 보고 깜짝 놀라 서둘러 죽을 사와 먹였어요. 덕분에 시원 씨는 배고픔을 면했습니다. 그리고 그제야 좀 공부할 정신도 났습니다.

그런데 똑똑, 주인집 아저씨가 사나운 얼굴로 문을 두드리네요. 월세가 밀렸으니 밀린 월세를 모두 내든지 아니면 방을 빼라고 합니다. 졸지에 거리에 나앉게 된 시원 씨. 급하게 과외 전단지를 만들어 붙였어요. 운이 좋았네요. 금방 과외가 들어왔습니다. 시원 씨는 밀린 월세를 내고, 밥걱정 안 하고 맘 놓고 공부하게 되었습니다.

그렇지만 단순히 혼자 책 읽는 것만으로는 부족했습니다. 수업을 들으면서 등록금에 생활비까지 벌 수는 없어 대학에 다니기는 어려웠습니다. 시원 씨는 심리상담사 자격시험을 보고, 자격증을 땄습니다. 그리고 상담소 소속 상담사가 되었지요. 함께 일하고 공부하는 동료들이 생기니, 이제 외롭지도 않았습니다.

얼마 지나지 않아 시원 씨에게는 사랑스러운 여자친구도 생겼습니다. 시원 씨는 자신의 꿈을 인정해주는 여자친구와 만나면서 마음의 안정을 찾았습니다. 시원 씨는 더욱 훌륭한 상담사가 되기 위해 열심히 수련하고 공부했습니다. 훌륭한 상담사가 되어 사회에서 존경받는 사람이 되고, 뒤늦게나마 가족들에게도 인정받고 싶었어요. 그렇게 하는 일에서 존중을 받게 되면, 자신이 가진 모든 가능성을 더 잘 발휘할 힘이 생길 것 같았지요.

시원 씨의 이 이야기 속에는 다양한 욕구가 나옵니다. 하나하나 알아볼게요.

우선 생존의 욕구. 배고픈 규현 씨에게 당장 급한 것은 배고픔을 해결하는 것입니다. 그것이 해결된 다음에야 일자리를 구하고 앞으로의 일을 계획하게 되지요. 먹고 마시고 생존하려는 생존의 욕구는 욕구위계에서 가장 아래에 위치합니다.

생존의 욕구 위에는 신체적, 경제적, 심리적 불안과 위험으로부터 자유로워지려는 안전의 욕구가 위치합니다. 직장을 구하고 저축을 하는 것은 경제적 안전을 위한 것입니다. 신체적 안전을 위해서는 안전한 집과 안전한 치안 상태를 원하지요. 시원 씨의 경우, 길에 나앉게 된다면 공부는 어디서 할 수 있겠어요. 그러니 안전한 생활을 할 방이 필요하고, 따라서 방값도 급하게 해결할 문제입니다.

안전의 욕구는 생존의 욕구만큼이나 강렬합니다. 한국전쟁을 경험한 세대들을 보면 잘 알 수 있습니다. 전쟁의 소용돌이 속에서 불안하고 궁핍한 삶을 살았던 그들은 모든 가치를 먹고사는 것과 더불어 안전에 둡니다. 정치적인 이슈나 가치를 판단할 때에도 여기에 준해서 생각하지요. 안전의 욕구는 그만큼 기본적이고 강렬한 욕구입니다.

생존의 욕구와 안전의 욕구를 충족한 인간은 인간관계 속에서 사랑받고 소속감을 가지려는 소속과 사랑의 욕구를 갖게 됩니다. 어딘가에 소속되어 함께 일하는 동료를 갖고, 친구, 사랑하는 사람들을 갖기를 바라는 욕구가 바로 소속과 사랑의 욕구이지요.

이 욕구가 충족되면 사람들은 자신감을 가지고 살아갑니다. 그리고 자신이 하는 일을 통해 타인의 존경과 인정을 받으려는 존중의 욕구를 가지지요. 현대 사회에서 우리가 페이스북에서 '좋아요' 버튼을 누른 사람의 수에 으쓱하거나 트위터 팔로우 수에 흐뭇해하는 것도 인정을 받으려는 존중의 욕구입니다. 또 좋은 곳에 가고 좋은 음식을 먹는 것

〈매슬로의 욕구위계〉

을 혼자만 하는 게 아니라 나누고 보여주려고 하는 것도 이런 사랑과 관심을 받고 싶은 욕구인 거죠.

생존의 욕구, 안전의 욕구, 사랑과 소속의 욕구, 존중의 욕구를 모두 충족시킨 사람만이 마지막으로 그리고 가장 궁극적으로 자신의 가능성을 실현하고 발견하려는 자아실현의 욕구를 가집니다. 앞의 네 가지 욕구들은 자아실현의 욕구를 갖게 되는 바탕인 것이죠.

하지만 이 욕구위계가 누구에게나 꼭 맞아떨어지는 것은 아닙니다. 부처나 인도의 수행자들의 삶을 보면, 욕구위계가 뒤집히는 것을 볼 수 있습니다. 이들은 생존과 안전의 욕구가 채워지지 않아도, 자아실현의 욕구를 강렬하게 가지니까요.

○● 존재욕구와 결핍욕구

욕구를 낮은 서열에 위치하는 결핍욕구, 높은 서열에 위치하는 존재욕구로 구별할 수도 있습니다.

이런 말이 있습니다.

"하루가 행복하려면 이발소(여자는 미장원)에 가고, 일주일이 행복하려면 결혼을 하고, 한 달이 행복하려면 말(지금은 자동차)을 사고, 1년이 행복하려면 집을 사고, 일생이 행복하려면 정직하라."

욕구 중에도 채우면 금세 또 나타나는 것이 있는가 하면, 오래 가는 것도 있다는 말입니다. 하지만 적어도 채우면 그 순간은 해결이 되지요. 음식이 결핍되면 식욕이 생기고, 나를 지켜줄 보호물(혹은 보호자)이 결핍되어 불안한 상태가 되면 보호물(혹은 보호자)에 대한 욕구, 안전의 욕구가 생깁니다. 이처럼 결핍에서 생기고 결핍을 해결하면 해소되는 욕구를 결핍욕구라고 합니다. 배고픔에서 오는 신체적 긴장, 불안에서 오는 신체적 정신적 긴장 등을 해소하려는 것이 결핍욕구의 목적입니다.

그렇다면 존재욕구는 무엇일까요? 존재욕구는 결핍욕구와는 달리 채운다고 채워지는 것이 아닙니다. 결핍에서 오는 것이 아니기 때문이지요. 예를 들어볼까요? 철학자나 수학자, 물리학자와 같은 학자들은 알고 싶은 강렬한 호기심을 불러일으키는 대상을 탐구합니다. 공부하고 탐구하는 행동 자체는 높은 긴장을 가져옵니다. 그러나 이런 긴장은 배고픔이나 불안에서 오는 긴장과는 달리 해결할 수 있는 것이 아니지요. 알면 알수록 호기심은 더욱 커지고, 탐구를 계속하면 긴장도 계속되니까요. 더욱이 긴장을 해결하는 것이 지적 호기심 때문에 탐구하는 사람들의 목적이 아닙니다. 그들은 오히려 그 긴장과 흥분을 즐깁니다. 괴롭지만 흥분되는 긴장을 잘 견뎌낸 사람은 새로운 지식을 습득하고 성장하지요.

이처럼 채우려 해도 채워지지 않고 어려움을 주지만 그 어려움을 극복하면 성장하게 만드는 욕구를 존재욕구라고 합니다. 해소가 아니라 그 존재 자체에 의미가 있는 욕구이지요.

존재욕구가 주는 즐거운 긴장은 사람을 성장하게 합니다. 이러한 긴장이 없는 사람은 결핍된 것이 없다고 해도 성장하기는 어렵습니다. 또 때론 병에 걸리기도 하지요. 바로 허무의 병, 권태의 병입니다. 만약 시원 씨가 하고 싶은 심리학 공부를 하지 못하고 법관이 되기 위한 고시 공부를 계속했다면, 아무리 부족한 것 없이 지원을 받는다 해도 우울이라는 마음의 병에 걸렸을지도 모를 일이죠.

또 진짜 욕구가 밖으로 표출될 수 없을 때에는 다른 욕구로 대신 표현되기도 합니다. 심리적 공허감이나 애정결핍을 가진 사람들이 마치 항상 배고픈 사람처럼 마구 먹어대는 폭식증을 보이기도 하죠. 이것은 심리적 욕구와 신체적 욕구를 혼동했다고도 말할 수 있어요. 고시 공부한답시고 책상 앞에 죽치고 앉아 있던 시원 씨가 항상 속이 헛헛해서 냉장고를 뒤지게 되었다면, 그건 정말 배가 고파서라고 말하기 어렵겠죠?

자, 이제 생각해 봅시다. 매슬로의 욕구위계에 의해 구분되는 욕구들을 결핍욕구와 존재욕구로 나누면 어떻게 될까요?

이미 살펴본 대로 생존의 욕구와 안전의 욕구는 결핍욕구에 속합니다. 소속과 사랑의 욕구, 존중의 욕구도 결핍욕구에 속하지요. 소속이 생기면 소속의 욕구가 사라지고, 존중받지 못해 생기는 존중의 욕구도 존중받으면 충족되니까요.

자아실현의 욕구는 어떨까요? 우선, 이것은 결핍으로 생기는 욕구가 아닙니다. 또 자아실현을 위해서는 겪어야 하는 긴장은 그저 괴로운 것만은 아닙니다. 그 긴장을 잘 이겨내면 성장하고, 자아실현으로 한 걸음 더 나아가게 되지요. 그러니까 자아실현의 욕구는 존재욕구인 것이죠.

그렇다면 자아실현은 어떤 것일까요? 자아실현을 한 사람들은 어떤 사람들일까요? 좀 더 자세히 알아보도록 합시다.

변화하는 세상, 변화하는 인간의 욕구

최근 페이스북에 매슬로 이론을 업데이트한 피라미드가 등장했습니다. 가장 아랫부분에 새로운 욕구, 즉 인터넷에 대한 욕구를 그려넣은 것이에요. 컴퓨터에서 스마트폰까지 인터넷이 우리 생활에서 차지하는 부분이 그만큼 커졌다는 것이겠죠. 매슬로가 지금까지 살아 있다면 이런 생각에 동의했을까요? 여러분 생각은 어떤가요? 또 여러분은 이 욕구 위계에 무엇을 더 보태고 싶으신가요?

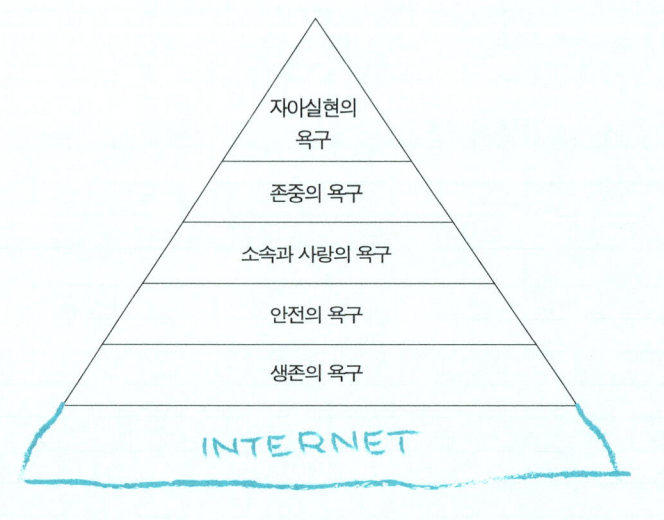

PART 03 : 자아실현의 욕구와 절정경험

자아실현을 향해 가는 길

○● 아름다운 순간, 절정경험

"밥을 굶는 사람에겐 밥이 전부지만, 한번이라도 꿈을 꾼 적이 있는 사람은 그 꿈이 삶의 전부가 된다."

매슬로의 명언입니다. 꿈을 이루기 위해 우리는 우리의 능력과 기술을 최대한 실현하려고 노력합니다. 이것이 바로 자아실현의 욕구이지요. 매슬로는 이것을 '한 인간이 될 수 있는 것은 되어야만 한다'라고 표현하기도 했습니다. 우리 인간은 본래부터 자신이 정말 하고 싶어 하는 것을 하고, 되고 싶어 하는 것을 이루었을 때, 행복하고 존재감을 가질 수 있다는 뜻입니다. 그래야만 비로소 자신이 될 수 있다는 것이죠.

인간의 건강한 심리에 관심을 가진 매슬로는 자아실현을 이룬 사람들에 대해 광범위한 연구를 했습니다. 에이브러햄 링컨이나 아인슈타인 같은 사람들이 연구대상이었지요. 이 연구를 통해 매슬로는 자아실현을 이룬 사람들에게는 몇 가지 공통적인 특징들이 있다는 것을 발견했습니다.

그들은 현실과 자신에 대해 명확하게 자각하고 있었고, 자기 자신을 수용할 줄 알았습니다. 일을 할 때는 자발적으로 일하고, 단순하게 행동한다는 특징도 있었습니다. 또한 변화에 개방적이고, 적은 수의 사람들과 깊은 우정을 맺으며, 자신만의 사생활도 중요하게 여겼어요. 일이나 공부만 하는 것이 아니라 취미생활도 즐길 줄 알았고, 창조력을 발휘하며, 유머감각도 풍부했습니다. 마지막으로 가장 중요한 특징이 하나 있는데, 그것은 바로 절정경험(peak experience)을 생활 속에서 자주 경험한다는 것입니다.

절정경험이란 누군가와 사랑을 나누거나 자신이 좋아하는 일에 완전히 몰두할 때 느끼는 정서적 고양 상태입니다. 힘들게 오른 산봉우리에서 아름다운 절경과 마주섰을 때, 영화의 스토리에 빠져들어 깊은 감동을 느끼는 순간 등을 떠올려보세요. 시간이 멈춘 듯하거나 몇 시간이 마치 몇 분 같기도 한, 가슴 벅찬 순간 말입니다.

절정경험은 신비적 경험이라고도 합니다. 매슬로에 따르면, 지평선이 한없이 펼쳐져 있는 듯한 느낌으로, 강력함과 동시에 무력함을 느끼며 위대한 황홀감과 놀라움의 느낌, 중요하며 가치 있는 뭔가가 일어났다는 확신 등을 느끼는 것을 말합니다.

절정경험을 느끼는 순간과 대상은 사람에 따라 다를 수 있습니다. 저자가 미국의 그랜드 캐니언에 가려고 할 때였습니다. 먼저 갔다온 친구들이 자신의 경험을 말해주었지요. 한 친구는 그곳에서 '신이 우주를 창조했다'는 것을 믿게 되었노라고 감동에 어린 표정으로 말했습니다. 다른 친구는 "거긴 그냥 커다란 구덩이일 뿐"이라며 반박했지요. 절정경험 역시 이처럼 개인에 따라 큰 차이를 보입니다. 대상에 따라 느끼는 바가 다를 수 있습니다. 그러나 중요한 것은 대상이 다르더라도 그런 경험을 한다는 것 자체입니다.

그렇다고 해서 절정경험이 항상 좋은 상황에서 경험하게 되는 것은 아닙니다. 때로는 고통스러운 성장과정에서 찾아오기도 하지요. 현실은 힘겹지만 꿈은 아름답습니다. 우리는 꿈과 현실 사이에서 있는 힘을 다해 노력하지요. 그러면서 고통과 긴장, 흥분과 기쁨을 동시에 느낍니다. 일과 사랑에서 느껴지는 완전한 기쁨, 흥분, 경외감을 느낀 사람은 고통스러운 세계를 있는 그대로 받아들이는 힘도 갖게 됩니다. 외적으로 필요한 것과 내적으로 필요한 것, 자신이 원하는 것과 안 하면 안 되는 것, 그 사이에서 조화를 찾게 되는 것이죠. 이런 사람은 결국 자기 자신을 있는 그대로 받아들이게 됩니다.

지금까지 우리는 자아실현을 하고 있는 사람들이 보이는 특징에 대해 알아보았습니다. 여러분 주변에 이런 특징을 가진 사람이 있나요? 어떤 사람은 김수환 추기경을, 어떤 사람은 법정스님을 떠올릴지 모릅니다. 또 어떤 사람은 자기 가까이에 있는 누군가를 떠올리기도 하겠지요. 그럼 여러분은 이런 특징을 얼마나 가지고 있나요?

그런데 이 모든 특징을 다 가진 사람이 있기는 할까요? 우리가 자아실현을 이루었다고 생각하는 위인들도 이 가운데 몇 가지만 갖는 경우가 많습니다. 이런 특징을 모두 갖추는 것은 불가능한 일일까요? 한번 생각해봅시다.

자아실현을 하고 있는 사람들이 보이는 특징 15가지

① 현실에 대해 분명히 자각하고 매사를 현실 중심으로 생각한다.
② 자신에 대해 분명히 자각하고, 자신과 타인 그리고 자연에 대해 있는 그대로 받아들인다.
③ 어떤 일이든 자발적으로 하고 행동을 단순하게 한다.
④ 해결해야 할 문제를 중심에 놓고 생각한다.
⑤ 주위에 휘둘리지 않고 초연하며, 사생활을 즐길 줄 안다.
⑥ 주위의 평가나 사회적 압력에 좌우되지 않고 자율적으로 행동한다.
⑦ 신선한 감성을 가지고 있어 평범한 것일지라도 놀라움으로 바라본다.
⑧ 절정경험을 원한다.
⑨ 공동체 감정, 인류와 일체감을 갖는다.
⑩ 깊은 인간관계를 선호한다.
⑪ 민주적이어서 같은 인간이라는 이유만으로 누구에게나 어느 정도의 경의를 보인다.
⑫ 수단과 목적을 구별하는 윤리감각이 있다.
⑬ 악의 없는 유머감각이 있다.
⑭ 창의적이다.
⑮ 문화에 편입되는 것에 저항한다.

○● 자아실현은 과정이지 결과가 아니다

매슬로가 어느 학회에 참가해 그동안 연구한 자아실현을 이룬 사람들의 특성에 대해 발표한 적이 있습니다. 한창 발표하는데, 연단 아래에서 한 사람이 손을 들고 질문했습니다.

"그럼 자아실현을 한 사람이 누구인지 말해보십시오."

매슬로는 답을 하지 못했다고 합니다. 흥미롭게도, 자아실현을 이룬 사람들에 대해 연구하던 매슬로조차도 앞에서 말한 자아실현한 사람들이 갖는 특징을 모두 다 갖춘 사람은 발견하지 못했다는 것입니다. 위대해 보이는 사람에 대해 깊이 파고들면 들수록 실망스러운 부분이 나오게 마련이었죠.

예를 들어, 링컨은 훌륭한 정치가이자 사상가로 평가받지만, 평생 극심한 우울증으로 힘들어했다고 해요. 아인슈타인은 위대한 천재이지만, 주변 사람들과 원만한 관계를 가지지는 못했던 것으로 전해집니다. 이렇듯 누구도 자아실현을 이룬 사람들의 덕목을 빠짐없이 가지고 있지는 못합니다.

그러나 이것은 당연한 결과입니다. 왜냐하면 자아실현이란 완성된 '상태'가 아니라, 완성을 향해 나아가는 '과정'이기 때문이죠. 자아실현의 모습과 최종 상태는 사람마다 다릅니다. 같은 사람이라고 해도 세월이 흐르면서 달라지기도 합니다. 따라서 정말 중요한 것은, 자아실현한 사람의 덕목을 빠짐없이 가졌느냐가 아니라, '자신의 이상에 얼마나 충실한 삶을 살았느냐'라고 할 수 있겠죠.

인간과 세상에 대해 명확하게 자각하고 새롭게 바라볼 줄 알며, 자신의 자유뿐만 아니라 다른 사람의 자유에 대해서도 관심을 가지는 것, 자신을 돌보는 만큼 남도 돌보며 언제나 정직하게 대하는 것, 자신을 믿는 만큼 남들도 믿고 자신이 가진 가치만큼 남들도 가치 있다고 믿는 것……. 매슬로는 자아실현의 과정에 있는 사람들은 이런 모습을 보인다고 생각했습니다.

○● 성숙한 마음과 자기 인식

매슬로가 자기(self)를 강조하기 때문에, 자칫 자아실현이란 자기중심적이고 이기적이며 제멋대로 사는 것이라고 오해하기 쉽습니다. 그러나 매슬로는 자아실현한 사람은 심리적으로나 행동적으로 완전히 기능하는 사람(fully functioning person)이라고 보았습니다. 이런 사람은 이타적이고 사회적이며 일에 헌신하되 세계를 더 좋게 향상시키기 위해 노력한다고 설명합니다.

그런데 중요한 것은 이들이 이렇게 행동하는 것은 노력한 결과가 아니라는 것입니다. 사랑이 결핍되어 갈구하는 사람들과 달리 성숙한 그들에게서는 자연스럽게 사랑이 흘러나오죠. 자신이 가진 최고의 특성을 완성하고 실현하는 데 거리낌이 없을 정도로 자유로운 그들은, 개인과의 사랑도 이타적인 사랑도 노력하지 않습니다. 그들의 존재 자체가 사랑이기 때문이에요.

그렇다고 자아실현한 사람들이 범접할 수 없는 고고한 존재들이란 뜻은 아닙니다. 그들은 성숙한 마음을 가지는 동시에 자신의 취향, 단점, 버릇에 대해서도 잘 알고 있습니다. 어떤 신발을 신어야 가장 기분이 좋은지, 술에 취하면 어떻게 되는지, 지금 커피를 마시고 싶은 건지, 마시고 싶지 않은 건지…….

자아실현을 하는 사람들은 자신에 대해서도 제대로 인식하고 있습니다. 자신이 가진 인간적인 나약함과 생물학적인 한계까지도 모두 인식하고 받아들입니다. 진정한 자기를 아는 사람만이 자기를 실현할 수 있겠지요.

문득 어느 스님이 생각납니다. 젊은 그 스님을 보고 나이 많으신 불자들이 이렇게 덕담을 한다고 해요.

"우리 스님 굉장히 젊으신데 열심히 수행하셔서 법정 스님처럼 큰스님 되세요."

그러면 그 스님은 이렇게 말한다고 합니다.

"고맙습니다. 하지만 전 법정 스님이 아닙니다. 그저 저일 뿐이죠."

그 스님은 그저 재미있고 유머러스한 동네 스님이 되고 싶다고 하십니다. 인상적이지요.

"누구처럼 되기 위해 살지 마라. 하나밖에 없는 내가 되라."

이런 말을 하는 그 스님은 어떤 의미에서 진정한 자기를 아는 사람인 것이지요. 이런 자기에 대한 앎, 즉 자기 인식이 바로 자아실현의 기본이 된답니다.

○◉ 지금 이 순간에 몰입

'지금 이 순간(here and now)을 살아라' 혹은 '현재에 살아라'와 같은 이야기를 들어본 적이 있나요? 그 순간에 충실하라는 말이지요. 이는 달리 표현하면, 그 순간에 몰입하라는 말이기도 합니다.

칙센트미하이(Csíkszentmihályi, 1934년 출생)라는 심리학자는 몰입(flow)의 중요성에 대해 이야기했습니다. 매슬로가 절정경험이라고 부른 것을 칙센트미하이는 몰입이라는 단어로 표현했다고 생각해도 됩니다.

칙센트미하이는 행복을 위해 사는 것은 어리석은 일이라고 지적합니다. 행복은 그런 식으로 얻어지는 게 아니기 때문이지요. 대부분의 사람들은 미래의 행복을 위해 현재의 시간을 써버립니다. 하지만 진정한 행복은 자신이 진정으로 좋아서 하는 일에 전적으로 몰입하는 순간 느껴지는 것입니다. 현재의 시간을 미래의 행복을 얻기 위해 써야 하는 것이 아니라, 그 시간, 그 순간이 행복해야 한다는 것이죠.

다이어트를 위해 달리기를 하는 사람과 달리기 자체를 즐겨서 달리는 사람을 비교해보면 그 차이가 분명해집니다. 어느 쪽이 더 행복할지는 달리 설명할 필요가 없겠지요. 미래의 무언가를 위해서가 아니라 바로 지금에 몰입하는 것은 이처럼 중요한 문제입니다.

그렇다고 늘 하고 싶은 일만 하며 노는 것이 행복하다는 말은 아닙니다. 우리는 공부나 일을 하지 않는 방학이나 주말 동안이 더 행복할 것이라고 생각하지만, 사실은 그렇지 않습니다. 오히려 주말이나 방학 동안이 평소보다 더 몸이 아프거나 기분이 나쁜 경험을 한 적이 있을 거예요. 직업이나 하는 일이 없다면 어떨지 생각해보세요. 목표의식이나 도전의식을 가지고 마음을 한데 모으며 살기가 힘들겠지요.

일이 우리의 인생을 의미 있게 만들어주는 것은 사실이지만, 우리가 집중해야 하는 것은 그 일이 가져오는 결과가 아닙니다. 일 자체에 집중해야 하지요. 공부도 마찬가지입니다. 하지만 일이나 공부가 그 자체로 늘 즐거운 것은 아닙니다. 좋아하는 일이나 좋아하는 과목이라고 해도 마찬가지죠. 때때로 힘들기도 하고 어려움에 직면하기도 합니다. 그래서 일에서 오는 어려움에 맞서고 그 경험을 어떤 방식으로 받아들여 자신의 것으로 만드느냐가, 결과보다 더 중요합니다.

그러기 위해서 우리는 가장 먼저 우리 자신에 대해 잘 알아야 합니다. 무슨 일을 할 때 가장 만족감을 느끼는지, 누구와 어떤 시간을 보낼 때 가장 행복한지를 잘 생각해보아야 합니다. 그런 다음, 가장 몰입할 수 있었던 일을 되도록 더 많이 하면 됩니다.

그 누구도 하루 종일 행복하기만 한 사람은 없습니다. 중요한 것은 원하는 일을 선택하고 거기에 몰입하는 것이죠. 하루 종일 손톱만 바라보고 물어뜯던 조현증 환자에게 네일아트를 가르쳐주자 정상인과 다름없는 생활을 하게 되었다는 유명한 사례가 있답니다. 작은 선택이 우리 인생을 변화시킬 수 있다는 것을 보여주는 사례지요.

어느 한적한 시골마을, 학교 방과후 교실에서 우연히 발레 수업에 참여하게 된 빌리는 걷잡을 수 없이 발레에 빠져들었습니다. 아름다운 음악과 평화로운 수업 분위기에 순식간에 매료된 것이죠. 하지만 가족들은 모두 반대했습니다. 이런 시골에서,

그것도 남자아이가 발레라니요. 이 가족들은 발레 하는 남자를 본 적도 없었습니다. 게다가 부모님에게는 아들에게 발레를 가르칠 돈도 없었어요.

하지만 빌리의 열정은 누구도 말릴 수가 없었어요. 결국 빌리는 발레를 배웠고, 뜻대로 국립발레학원의 실기시험장에 섰습니다. 빌리는 면접관 앞에서 신들린 듯 춤을 췄습니다. 빌리의 춤을 본 면접관이 묻습니다.

"빌리, 대답해주겠니? 춤을 출 때 어떤 느낌이지?"

그러자 빌리는 대답합니다.

"모르겠어요. 그냥 내가 사라져버리는 것 같아요. 몸 전체가 변하는 기분이죠. 마치 몸에 불이라도 붙은 것 같고, 난 그저 한 마리 새가 되어 날아오르는 것 같아요."

〈빌리 엘리어트〉라는 영화 속 장면을 각색한 것입니다. 시골마을 평범한 가정에서 자란 어린 빌리가 발레를 할 때 느끼는 희열, 행복, 온몸에 흐르는 전류를 상상해보세요. 온 가족의 반대에도 굴하지 않고 온갖 어려움을 이겨낼 수 있었던 힘은 거기에서 나왔겠지요. 시골에서 온 남루한 빌리에게 눈길조차 주지 않았던 면접관들의 입을 떡 벌어지게 만든 빌리의 몸짓. 발레만 남고 자신은 사라지는 그 느낌. 이것이 바로 칙센트미하이가 말하는 몰입입니다.

박지성이 상대편 수비수들을 따돌리며 골대를 향해 드리블해갈 때, 김연아가 트리플 악셀을 시도하기 위해 얼음 위를 미끄러지듯 나아갈 때, 또 박태환이 결승점을 향해 물살을 가를 때……. 몰입은 이런 순간에 느끼는 '존재가 사라지고 순간이 영겁이 되는 것과 같은 경험'입니다. 우리가 우리 인생에 해줄 수 있는 가장 좋은 일은, 하루하루의 삶 속에 몰입의 경험을 더 많이 하는 것이겠죠.

○● 잠재력에 주목하라

그렇다면 매슬로의 이론이 갖는 의미는 무엇일까요? 매슬로는 정신분석학처럼 마음이 병든 사람을 '심리적 질환'이라는 관점에서 보지 않았습니다. '아직 완전히 자아실현을 이루지 못한 사람'이라는 관점에서 보았지요. 우리 모두 자아실현을 향해 나아가는 과정에 있습니다. 지금은 불완전한 상태에 있지만, 완전한 인간이 되어가는 과정에 있다는 말이지요.

이처럼 '완전한 인간성'에 주목하면, 심리적 장애뿐만 아니라 잠재력에도 관심을 갖게 됩니다. 지금은 드러나지 않지만 우리 속에 잠재되어 있는 능력에 관심을 갖게 된다는 것입니다. 문제는 잠재력을 발휘하게 만드는 것이겠죠. 매슬로는 잠재력을 발휘할 수 있는 사회를 만드는 데 힘을 쏟아야 세상이 더 빨리 변하고 발전할 것이라고 생각했습니다.

이런 관점의 변화는 심리학에 커다란 변화를 가져옵니다. 상담치료에서 인본주의 이론은 인간 중심 상담으로 불립니다. 상담자가 내담자를 치료하는 것을, 내담자의 입장에서 이해하려고 노력을 기울이는 것으로 바꾸어놓았지요. 치료가 아니라 이해로 상담한다는 것은 내담자가 가진 잠재력을 신뢰하는 것이랍니다.

또한 심리적 장애가 없는 정상인들도 더 나은 삶을 위해 심리학의 도움을 받을 수 있게 되었습니다. 자아실현을 이루는 것은 모든 사람들의 권리니까요.

PART 04 : 인간 중심 접근

나는 나,
너는 너로 인정하기

◯● 로저스와 자아실현 경향성

매슬로와 더불어 대표적인 인본주의 심리학자로 칼 로저스(Carl Ransom Rogers, 1902~1987년)를 들 수 있습니다. 매슬로의 동료인 로저스는 매슬로와 비슷한 점이 많습니다.

로저스는 모든 사람들이 자아실현 경향성이란 것을 가지고 태어난다고 믿었습니다. 어떤 치명적인 방해만 받지 않는다면, 조그마한 씨앗이 커다란 나무가 되는 것처럼, 진정한 자기(self)라는 존재를 실현할 수 있다고 생각했지요. 이것은 동양의 대표적인 사상가 노자의 말을 떠오르게 합니다.

> 내가 간섭하지 않으면, 그들이 스스로 자신을 돌본다.
> 내가 지배하지 않으면, 그들이 스스로 바르게 행동한다.
> 내가 설교하지 않으면, 그들이 스스로 개선한다.
> 내가 강요하지 않으면, 그들은 진정한 자기 자신이 된다.
>
> — 노자, 《도덕경》 57장

간섭하지 않고 그 존재 자체를 존중하면 모든 존재가 스스로 실현하게 된다는 로저스의 생각과 맥이 닿아 있습니다. 약 2,700년 전에 살았던 노자가 그때 이미 사물의 삶을 간섭하지 않는 것의 중요성을 이야기하고 있다는 것이 놀랍지요.

로저스 역시 진로를 선택하는 과정이 시원 씨와 비슷했습니다. 그는 엄격한 기독교 집안의 6남매 중 넷째로 태어났어요. 로저스가 기억하는 어머니는, 그가 하는 말은 모두 무시하고 잘라버리는 융통성 없고 무서운 사람이었습니다. 로저스는 부모님이 시키는 대로 목사가 되기 위해 신학대학에 입학했습니다. 그렇지만 곧 부모님이 자신에게 강요했던 근본주의적 교리에 염증을 느끼기 시작합니다. 부모님의 종교적 신념이 자신의 종교적 신념이 되지는 못했던 것이지요.

결국 그는 부모님의 뜻이 아닌 자신의 뜻대로 인생을 살기로 결심합니다. 신학대학을 자퇴하고 컬럼비아 사범대학으로 가서 심리학을 공부하기 시작했지요. 로저스의 부모님은 그의 이런 변화에 몹시 분노하고 슬퍼했습니다. 로저스 역시 부모님을 거스르는 것이 가슴 아팠지만, 자신의 심리적, 지적 독립을 위해서는 피할 수 없는 일이라고 생각했습니다.

이렇게 심리학자가 된 로저스의 이론에서도 매슬로가 이야기한 완전히 기능하는 인간은 매우 중요한 개념이 됩니다. 그는 완전히 기능하는 인간이란 '나는 누구인가, 나는 어떻게 자신을 발견하고, 자신이 될 수 있을 것인가'를 고민하는 사람이라고 생각했습니다. 그렇다면 먼저 로저스에게 있어 자기(self)란 어떤 개념인지를 알아보는 게 필요할 것 같네요.

나는 누구인가?

로저스가 말하는 자기란, '자신에 대한 모든 생각과 감정'이라고 할 수 있습니다. '나는 누구인가'에 대한 대답이 되겠지요. 달리 말하면, '현재 내가 경험하고 느끼는 나'가 바로 로저스가 말하는 자기입니다. 로저스는 인간이 자신을 평가하고 느끼는 과정을 설명하기 위해 유기체라는 개념을 가져왔어요. 살아 움직이는 유기체는 자기 생명을 유지·성장·발전시키는 데 자연스러운 힘을 타고난다고 보았던 거죠. 그래서 유기체는 살아가면서 자연스럽게 자신의 생존에 도움이 되는 경험과 도움이 되지 않는 경험, 기쁨을 주었던 경험과 괴로움을 주었던 경험을 구별하게 됩니다. 당연한 말이죠? 이 당연한 것을 조금 어려운 말로 유기체적 가치평가 과정이라고 부릅니다. 그러니까 어떤 일을 하는 것이 나한테 좋았는지 나빴는지를 평가한다는 말이지요.

그렇다면 유기체는 어떤 일을 하려 할까요? 좋았는지 나빴는지 알게 되면 당연히 좋은 경험으로 평가되는 행위를 하려고 하겠지요. 이처럼 좋은 경험을 불러오는 행위를 추구하는 것은 유기체를 움직이는 중요한 동력이 됩니다.

프로이트는 인간을 본능·욕구·충동 등에 의해 움직이는 존재로 보았다면, 칼 로저스는 스스로를 있는 그대로 유지하고 성장하고 실현시키려는 경향을 가진 존재라고 보았습니다. 인간을 움직이는 힘은 동기뿐만이 아니라 자기 자신을 유지하고 성장시키고 실현하려는 모든 경향성이라고 본 것이에요. 해볼 만한 가치가 있는 일들을 추구하고 해볼 가치가 없는 것들은 피하면서, 사람들은 자기 자신에 대해 더 잘 이해하게 됩니다. 자연스러운 자기 모습이 무엇인지 알고, 실제의 자기와 만나게 되는 것이죠.

○● 내가 꿈꾸는 나, 남들이 바라는 나

그런데 문제는 자기에는 '내가 느끼고 사고하는 나'만 있는 것이 아니라는 것입니다. 사회가 나에게 요구하고 남들이 나에게 바라는, 그래서 내가 꿈꾸는 나도 있습니다. 로저스는 이 요구되고 바라게 되는 나의 모습을 이상적 자기라고 불렀습니다.

실제 나는 77사이즈의 옷을 입는 통통한 여자인데 사회는 55사이즈를 입는 여자이기를 원합니다. 그럼 나는 어떻게 할까요? 실제의 나를 혐오하고 받아들이지 않으며 부정하거나 숨게 되겠지요. 자신을 존중하지도 긍정하지도 않게 되고요.

우리는 다른 사람들에게 이상적인 사람으로 인정받고 존중받기를 바랍니다. 자연스러운 일이지요. 로저스는 이것을 긍정적 존중욕구라고 불렀습니다. 부모의 사랑과 인정을 받기 위해 열심히 공부하는 아이는, 긍정적 존중욕구가 강한 아이입니다. 사실은 공부보다 뛰어노는 것이 더 좋은데도 인정받기 위해 공부를 더 열심히 하니까요.

그러나 긍정적 존중욕구가 너무 커지면 때로는 건강하지 않은 자기로 이어지기도 합니다. 극단적인 예가 성적을 비관해 자살하는 학생들입니다. 이들은 공부를 잘해야 인정받고 사랑받을 만한 가치가 있다고 생각합니다. 그래서 성적이 떨어지거나 오르지 않으면 공부를 못하는 자신은 살아 있을 가치조차 없다고 믿어버리는 것이지요.

실제 자기와 그렇게 되고 싶은 이상적 자기 사이의 거리가 별로 멀지 않다면 문제가 없습니다. 그러나 실제 자기와 이상적 자기 사이의 틈이 넓은 사람에게는 문제가 생깁니다. 이상적 자기를 좇다 보면 실제 자기에 대한 불만이 커지겠죠. 열등감이 생기고 불안해지거나 우울해지며, 자신 없는 본모습을 숨기려고 방어적인 사람이 되기도 합니다.

또 스스로를 이상적 자기에 맞춰야 하기 때문에 실제 자기가 느끼는 감정과 경험을 무시하거나 왜곡하며 괴로워할 수도 있습니다. 유기체로서 가지는 자연스러운 욕구들은 외면하면서, 다른 사람의 요구나 의견을 만족시키는 데 집중하면서 살게 되지요. 결국 진정한 자기 자신을 잃어버릴 위험이 커집니다.

엘렌 웨스트라는 젊고 매력적이고 똑똑한 여성이 있었습니다. 엘렌은 평범한 가정에서 자랐지만 개방적인 사고방식을 가진 아가씨였습니다. 20세가 되던 해, 엘렌은 외국인 남성과 사랑에 빠져 결혼을 약속합니다. 그러나 아버지는 두 사람의 결혼을 반대했지요. 아버지를 무척 사랑한 엘렌은 아버지의 뜻에 따라 파혼을 합니다. 아버지의 사랑을 잃지 않으려면 그렇게 하는 것이 옳다고 생각했지요.

그런데 이때부터 엘렌은 갑자기 폭식을 하기 시작합니다. 당연히 살이 많이 쪘지요. 그러자 뚱뚱한 자신을 사람들이 싫어할 것이라는 생각이 들었습니다. 이번엔 강박적으로 다이어트에 집착하기 시작했지요. 적당한 체형이 건강한 생활에 도움을 준다는 것은 알고 있었지만, 다이어트에 강박적으로 집착한 까닭은 그 때문이 아니었습니다. 사람들이 좋아하는 건 마른 사람이라는 생각 때문이었죠.

시간이 지나 24세가 되던 해, 엘렌은 자신이 가르치던 연하의 남학생과 다시 사랑에 빠집니다. 그런데 이번에도 아버지는 엘렌의 사랑을 반대하고 나섰습니다. 엘렌은 다시 한 번 아버지의 뜻을 따릅니다. 자기 마음을 애써 외면한 거죠.

이제 엘렌은 완전히 자신감을 잃어버립니다. 자신의 욕구에 대한 신뢰, 자신의 경험에 대한 믿음을 완전히 잃어버린 것이죠.

'내가 하는 사랑, 내가 가지고 있는 내 몸에 대한 생각은 전혀 믿을 만한 것이 못 된다. 다른 사람의 판단이 옳아.'

이것이 그녀가 고통스럽게 간직한 생각이었습니다.

전혀 사랑하지 않지만 아버지가 유일하게 찬성한 사촌오빠와 결혼한 엘렌은, 자신이 바라는 것과 타인이 바라는 것 사이에서 겪는 혼란을 견뎌낼 수가 없었습니다. 결국 그녀는 서른셋이라는 젊은 나이에 자살을 선택하고 맙니다.

상담자 로저스는 엘렌 웨스트의 비극적인 이야기를 듣고 무척 화가 났습니다. 엘렌은 잘 살아보려고 몸부림을 쳤습니다. 정신분석가 두 명을 포함해서 여러 정신과 의사들을 찾아다녔지만, 그들 중 아무도 엘렌을 도와주지 못했습니다.

정신분석가들은 엘렌의 무의식이 이렇고 저렇고 하며 분석하기 급급했고, 의사들은 그녀가 어떤 상태인가에 따라 조울증이나 우울증과 같은 진단명을 붙이기에 바빴습니다. 만약 엘렌이 로저스를 찾아갔더라면 어땠을까요? 그녀는 자살이라는 극단적인 선택을 하지 않았을까요?

로저스는 자신이라면 엘렌을 자살에 이르게 하지는 않았을 것이라고 장담했습니다. 엘렌에게 "당신의 감정과 경험이 믿을 만한 것"이라고 말해줬다면, 그녀는 자기 자신을 한 인간으로서 가치 있는 존재로 인정

아버지의 기대와 욕구를 저버릴 수 없어 자신의 욕구를 버려야 했던 엘렌은 불행했고 마음이 병들어갔습니다. 엘렌에게는 자기를 있는 그대로 받아들이는 공감과 수용이 필요했죠.

하는 법을 배웠을지도 모릅니다.

로저스라면 약혼자와 헤어지고 싶지 않았던 엘렌의 감정, 헤어진 후에도 여전히 잊지 못했던 감정, 결혼을 반대했던 아버지에 대한 애정과 미움, 아버지의 기대에 따라 사는 사람이 아닌 독립적인 사람이 되는 것에 대한 두려움, 통통한 몸과 마른 몸에 대한 엘렌의 갈망을 모두 무조건적으로 공감하고 수용해주었을 것입니다.

로저스의 공감과 수용을 받으며 엘렌은 그 감정들이 잘못되었거나 나쁜 것이 아니라 모두 자연스러운 것이라고 느끼게 되었겠죠. 죄책감이나 불안에 빠지는 대신, 자신이 가진 좋고 나쁜 면들을 모두 자유롭게 경험하고, 자신의 경험에 마음을 열고 그 의미에 귀 기울였을 겁니다. 그리고 마침내 참된 자기 자신으로 사는 법을 알게 되었겠지요.

다른 사람의 기대에 부응하기 위해 자신을 버리지 않아도, 자기 자신으로 살면서도 다른 사람들 속에 있을 수 있다는 것을 알게 되었다면, 엘렌은 자살할 만큼 고통스럽거나 외롭지 않았을 것입니다. 로저스는 엘렌을 치료했던 분석가들과 의사들이 그녀를 사람으로 대하지 않고, '우울증' 혹은 '진행되고 있는 정신증적 기질' 등의 대상으로 대했다며 비판했습니다. 그는 증상을 가진 대상이나 환자로 보는 것이 아니라, 한 인간으로 보는 것이 무엇보다 중요하다고 강조합니다. 고유한 바람, 욕구, 의지, 그리고 그것을 자신의 삶에서 실현해가는 한 인간으로 인정하고 존중하는 것이 중요하다는 것이지요.

상대방을 권리를 가진 사람으로 경험하는 것은 상담자에게도 중요합니다. 내담자의 치유과정을 함께하면서 상담자 역시 성장하니까요.

◯● 인간 중심 상담

로저스는 내담자를 돕기 위해 노력하는 성실한 상담자였습니다. 그러나 정신분석적 치료 모델로는 효과가 없는 경우도 많았습니다. 로저스는 상담자가 할 일은 내담자의 억압된 충동을 해석해주는 것이 아니라고 생각했습니다. 내담자가 유기체로서의 자기 자신과 만나게 돕는 것이 상담자가 해야 할 일이라고 생각했죠. 내담자가 유기체로서의 자신으로 살게 될 때, 자기를 실현할 가능성도 생기기 때문입니다.

이렇게 가능성이 열려 있는 환경을 로저스는 내담자의 성장을 촉진시킨다는 의미에서 성장촉진적 환경이라고 불렀습니다. 그리고 성장촉진적 환경을 제공하기 위해서는 상담자에게 요구되는 자질들이 있다고 설명했습니다. 바로 진솔성, 공감, 수용이지요.

내담자의 변화를 이끌어내기 위해서는, 먼저 내담자가 자기 자신을 있는 그대로 솔직하게 상담자에게 개방해야 합니다. 그러려면 상담자가 먼저 솔직해야 해요. 상담자가 옷을 벗어야 내담자도 옷을 벗을 수 있지요. 상담자가 "나는 아무 문제 없어" 하는 태도로 내담자의 이야기를 듣는다면, 십중팔구 상대도 자신의 못난 치부를 보이고 싶어 하지 않을 것입니다. 그래서는 상담이 이루어지지 않겠죠. 서로의 상처를 보고 솔직하게 그것을 대면할 때 서로 더 깊이 만나게 된답니다.

로저스는 이것을 진솔성 혹은 진실성이라고 부릅니다. 상담자가 먼저 진실한 태도를 보여야만 내담자의 개방을 이끌어낼 수 있다는 것을 강조한 말이죠. 상담자의 진실성은 내담자가 스스로를 개방하게 만듭니다. 그래야 비로소 상담자와 내담자, 두 사람의 진실하고 인간적 만남이 이루지게 되는 것이지요.

진실한 만남이 이루어진 후에는 내담자를 있는 그대로 무조건적으로 수용하는 상담자의 태도가 필요합니다. 〈우리의 행복한 시간〉이라는 영화에 나오는 사형수와 자살을 시도한 여자의 만남은 무조건적 수용이 어떤 것인지 잘 보여줍니다. 끔찍한 범죄를 저지른 사형수와 삶의 의미를 잃고 자살을 시도한 두 사람이지만, 그 둘은 함께 시간을 보내면서 조건 없이 서로를 수용하게 됩니다. 그리고 마음을 온전히 열게 된 사형수는 이렇게 말하지요.

"모든 것이 나를 외면했다고 생각했는데, 세상에 사랑이 있다는 것을 알았습니다."

이것이 수용하는 태도에서 나오는 관계의 기쁨입니다. 이런 관계를 맺기 위해 상담자가 먼저 내담자를 수용해야 합니다. 상담자가 내담자를 긍정하면 그것을 경험한 내담자는 자신을 있는 그대로 바라볼 용기를 얻게 됩니다. 그렇게 자신의 문제를 수용하면 치유도 가능해집니다. 이것을 무조건적인 긍정적 수용이라고 부릅니다. 자신을 수용하게 된 내담자는 자신에 대한 무조건적 수용이 타인에 대한 무조건적 수용으로 이어진다는 사실을 깨달으며, 새로운 시각으로 인생을 살아가게 되지요.

마지막으로 상담자에게 요구되는 자질은 내담자의 이야기를 공감하며 듣는 것입니다. 인디언의 속담에는 "그 사람의 신발을 신고 석 달을 걸어보기 전에는 그 사람을 판단하지 말라"는 말이 있습니다. 섣불리 판단하려 들지 말고 그 사람의 입장에 서서 받아들이라는 뜻이지요. 이처럼 상담자가 내담자의 입장에서 그 감정을 함께 느끼는 것이 공감의 태도랍니다.

내담자를 해석하려 들기보다는 있는 그대로 받아들이는 것, 그것을 바탕으로 이루어진 상담자와 내담자의 진실한 관계가 치료의 성공을 좌우합니다. 이것이 바로 로저스가 말하는 인간 중심 상담이지요.

오늘날 심리학에서는 '인간 중심 치료'를 기정사실로 받아들입니다. 그러나 로저스가 처음 이것을 들고 나왔을 때에는 그야말로 혁명적인 것이었습니다. 상담자의 해석이 막강한 권위를 가지는 정신분석과, 조건을 형성함으로써 내담자를 다분히 기계적으로 반응하게 만들 수 있다고 믿었던 행동주의가 대세였던 당시로서는 당연한 일이었겠죠.

로저스는 상담자가 갖춰야 할 진솔성, 수용성, 공감성이라는 세 가지 개념 위에 '인간 중심 상담(혹은 치료)'이라는 새로운 패러다임을 만들었습니다. 이 세 가지 개념은 부모와 자식, 부부, 교사와 학생, 상사와 부하직원의 관계까지 폭넓게 적용됩니다. 오늘날 거의 모든 심리상담의 이론과 실제에서 내담자의 권리를 인정하고 심리상담을 인간 대 인간의 진실한 만남에서 오는 변화로 인식하게 된 것은, 모두 로저스의 공로라 할 수 있습니다.

4장

인지행동치료

마음먹기에 달렸어

PART 01 : 합리적 정서행동치료

신념이 변해야
모든 것이 변한다

○● 심리학의 인지적 접근

　　　　　　　말실수나 평소와는 다른 행동에 대해 설명하기 위해 인간의 마음을 들여다본 정신분석학, 행동으로 마음을 관찰함으로써 마음이 학문의 대상이 된다는 것을 증명한 행동주의, 인간의 긍정적인 면모로 심리학의 관심을 돌려놓은 인본주의. 심리학이 이런 흐름으로 발전하는 동안, 한편에서는 인간의 인지과정에 대한 연구가 이루어지고 있었습니다.

　심리학에서 인지적 접근이 발전하게 된 이유는, 부분적으로는 행동주의에 대한 반발 때문이기도 합니다. 행동주의가 자극과 그에 따른 반응이라는 단순한 구조로 인간을 설명하려 했고, 그 때문에 학습하는 주체인 인간의 인지적 작용이 철저히 무시된 것에 대한 반발이었지요.

한편으로는 기술의 진보와 신경과학의 발달이 인지과정에 대한 관심을 더욱 높였습니다. 컴퓨터의 정보처리 능력이 누구도 상상 못 했을 만큼 정교해지면서 그 과정을 인간의 인지과정과 연관시켜 설명하려는 학자들이 등장했고, 그에 따라 인지이론이 주목받기 시작합니다. 또 신경과학의 발달 역시 인지과정을 밝히려는 인지과학에 많은 영향을 주었습니다.

이번 장에서 우리가 살펴볼 인지행동치료는 이 같은 배경 속에서 등장한 심리치료 방법입니다. 인지과정의 중요성에 주목한 인지행동치료는 어떻게 인지하느냐에 따라 행동이 바뀐다는 기본적인 믿음에서 시작되었답니다.

○● 앨버트 엘리스의 도전

"신념이 변해야 모든 것이 변한다."

이 말은 심리학자 앨버트 엘리스(Albert Ellis, 1913~2007년)가 ≪합리정서행동치료(Rational Emotive Behavior Therapy)≫에서 한 말입니다. 지금부터 알아볼 내용을 한마디로 표현하는 말이지요. 여기에서 우리는 신념에 의해 무엇이 어떻게 변하는지 알아보려고 해요. 우선 무모하지만 용기 있는 청년 앨버트 엘리스부터 만나볼까요?

앨버트는 소심하고 부끄러움이 많았습니다. 무엇보다 사람들과 대화하는 것을 힘들어했지요. 사실 힘든 정도가 아니었습니다. 두려워했답니다. 특히 여자들을 대하는 것이 어려웠습니다. 여자가 주변에 있기만 해도 부끄러워 견딜 수가 없었죠.

19살이 된 앨버트는 다른 사람, 특히 여성과 말도 제대로 못 하는 자신을 더 이상 그대로 두어서는 안 되겠다고 생각했어요. 자신의 괴로움을 정면 돌파하기로 마음먹은 거예요. 방법은? 모르는 여성 100명에게 먼저 말 걸고 데이트 신청하기.

앨버트는 한 달 동안, 뉴욕의 브롱스 동물원 앞 거리에서 지나가는 여성들에게 말을 걸고 데이트 신청을 했습니다. 결과는? 대부분의 여성들은 앨버트가 다가가기만 해도 손사래를 치며 서둘러 지나가 버렸습니다. 어떤 여성들은 친절한 표정으로 앨버트의 이야기를 들어주고, 정중하게 데이트 신청을 거절했어요. 데이트 신청을 받아들인 여성은 단 한 명뿐이었답니다. 그마저도 약속장소에 나오지 않았지만 말이죠.

결국 앨버트는 데이트에 성공하지 못했습니다. 하지만 실패한 것은 아니었어요. 한 달 동안 100명의 여성들에게 데이트 신청을 해본 앨버트는, 여성에게 말을 거는 것이나 거절당하는 일이 생각보다 끔찍하지 않다는 것을 알게 되었으니까요.

무모하지만 용기 있는 이 시도로 앨버트 엘리스는 여자들이 자기를 싫어할 것이라는 막연한 생각을 바로 잡게 되었습니다. 여성과 한 공간에 있기만 해도 부끄러움을 느꼈던 이유가 여성들은 무조건 자기를 싫어할 것이라는 자신의 잘못된 신념 때문이었다는 것을 깨달은 것이죠. 결국 엘리스의 시도는 성공한 것이라고 해야겠죠?

이 경험은 엘리스에게 중요한 의미를 갖습니다. 두려움을 털어내게 된 것은 물론, 나중에 심리학자로서 또 상담자로서 이론을 정립하는 데에도 큰 계기가 되었지요.

부끄러움 때문에 다른 사람에게 특히 여성에게 말을 걸지 못했던 앨버트 엘리스는 어느 날 용기를 내어 거리를 지나가는 100명의 여성에게 데이트 신청을 했습니다. 그리고 여성에게 거절받는 것이 그렇게 끔찍한 일은 아니라는 것을 알게 되었죠.

어린 시절 엘리스는 외로웠습니다. 없는 거나 마찬가지였던 아버지와 조울증을 앓는 어머니는 어린 엘리스에게 여러 명의 여동생을 돌보는 책임을 떠맡겼습니다. 엘리스가 신장병으로 병원에 입원했을 때는 병문안조차 오지 않았지요. 혼자 이겨내야 했던 어린 시절의 외로움은 자연스레 그를 상담자의 길로 이끌었습니다. 자신과 같은 상처를 가진 사람들을 돌보고 싶었던 것이죠.

앨버트 엘리스는 인지행동치료라고 부르는 상담이론의 선구자예요. 왜곡된 인지를 바로 잡는 치료법으로, 치료과정에 행동주의의 기법이 들어가기도 해서 '행동'을 덧붙여 부르는 것이랍니다. 엘리스가 만들어 낸 상담기법은 인지적 치료 중에서도 합리적 정서행동치료라고 부릅니다. 비합리적 신념(혹은 인지)이 정서에 영향을 준다는 그의 이론에서 비롯된 이름이지요. 구체적인 내용을 하나씩 살펴볼까요?

○● 인지와 비합리적 신념

원래 엘리스는 정신분석가로 훈련받았습니다. 그러나 대부분 내담자의 변화는 너무나 느렸고 효과가 없는 경우도 있었습니다. 정신분석에 실망하던 엘리스는 19세 때의 경험을 떠올렸습니다. 그때 여성들에 대한 공포에 가까운 부끄러움을 없앤 것은 무엇이었을까요? 정신분석에서 말하는 것처럼, 자신이 여성들의 거절에 대한 무의식적인 공포를 가지고 있다는 사실을 통찰했기 때문일까요? 그게 아니었죠. 여성들이 자신을 싫어하지는 않는다는 새로운 확신이 생겼기 때문이었어요.

"생각과 신념이 변해야 감정과 행동도 변할 수 있다."

이것이 엘리스의 핵심주장이자 인지행동치료의 기본전제입니다. 감정적 어려움은 생각과 신념, 즉 인지과정에서 비롯된다는 것이지요.

생각과 신념이 변해야 감정과 행동도 변할 수 있다는 엘리스의 생각은, 고대 그리스의 철학자 에픽테토스(Epictetus, 55~135년)에게서 많은 영향을 받은 것입니다. 스토아학파인 그는 이런 말을 남겼죠.

"인간은 사실 때문이 아니라 그 사실을 받아들이는 관점 때문에 혼란스러워한다."

동의하시나요? 같은 사실을 다르게 받아들이는 경우는 많습니다. 같은 일에 다른 반응을 보이는 경우도 적지 않습니다. 엘리스의 생각은 어떨까요? 엘리스는 감정이나 정서가 일어난 일이나 사실 그 자체가 아니라 자기 자신과 경험에 대한 신념, 평가, 해석, 반응 등에서 비롯된다고 보았습니다.

그런데 문제는 비합리적 신념을 가진 사람들이 있다는 것입니다. 그리고 그들은 필연적으로 심리적인 불행에 빠지게 된다는 거예요.

법대를 그만두고 심리학을 선택한 시원 씨. 법대 동기인 규현 씨가 눈물겨운 이별을 겪었다는 소식을 듣고 모처럼 규현 씨를 찾아왔습니다. 따뜻한 차를 마시며 이야기를 나누는 두 사람의 모습이 상당히 쓸쓸해 보이네요. 사연을 알고 보니 시원 씨 역시 얼마 전에 규현 씨와 같은 시련을 겪었답니다. 오랫동안 사귄 여자친구와 이별했다는군요.

비슷한 시기에 이별을 경험한 두 사람. 그런데 이별을 겪는 방식이 좀 다르네요. 규현 씨가 스키너의 상자 속에서 지렛대 누르는 쥐처럼 집착에 사로잡힌 채 카페에서 잠복근무를 서고 있을 때, 시원 씨는 느리긴 하지만 조금씩 일상으로 돌아왔어요. 규현 씨가 자신은 사람들에게 사랑받지 못한다는 신념에 사로잡혀 집에서 은둔생활을 할 때, 시원 씨는 이미 다른 사랑을 시작하고 있었습니다.

두 사람은 왜 이렇게 다른 모습을 보이는 것일까요? 시원 씨의 사랑이 규현 씨의 사랑에 비해 가벼웠던 걸까요? 시원 씨의 전 여자친구가 수지 씨만큼 매력적인 사람이 아니었기 때문일까요? 그것도 아니라면······.

두 사람의 사연을 들은 엘리스는 이렇게 설명했을 것입니다. 시원 씨는 이별이라는 가슴 아픈 사건을 '고통스럽지만 두 사람 모두에게 더 나은 결정'이라는 신념을 가지고 바라봅니다. 이 신념 때문에 그는 슬프긴 해도 '참을 만하고 극복해야 하는 슬픔'이라는 감정을 갖지요. 반면 규현 씨는 이별이라는 사건을 '절대 일어나서는 안 되는 실패이며 내가 항상 사랑하는 사람에게 버림받을 것이라는 증거'라는 신념을 가지고 바라봅니다. 이 신념 때문에 규현 씨는 '재기하기 어려울 만큼 깊은 절망'이라는 감정에 빠지고, 필연적으로 우울해지는 것이지요.

일어난 사건을 어떻게 바라보느냐에 따라 이처럼 다른 감정에 빠지게 됩니다. 이 과정을 도식화해보면 다음과 같습니다. 여기에서 중요한 사실은, 사건이 바로 감정을 불러일으키는 것이 아니라 신념을 거쳐 감정으로 이어진다는 것입니다.

내용	용어	기호	기호 설명
이별	사건	A	Activating event, 선행사건
필요한 결정 혹은 있을 수 없는 실패	신념	B	Belief, 신념
극복해야 할 슬픔 혹은 재기하기 어려운 절망	감정	C	Consequence, 정서적 결과

A 사건 ──────────────▶ C 감정 (×)

A 사건 ──▶ B 신념 ──▶ C 감정 (○)

엘리스는 규현 씨가 가진 것처럼 '절대 ~하지 않으면 안 되는', '반드시 ~해야 하는' 식으로 표현되는 신념을 비합리적 신념이라고 보았습니다. 두 사람이 아무리 사랑했다고 한들 그 사랑이 반드시 영원하다고 할 수는 없습니다. 인간사가 다 그렇듯 '절대 변치 않을 사랑'이나 '반드시 나만을 바라보는 사랑' 같은 것은 힘든 일이에요. 사정이 이런데도 비합리적 신념을 가진 사람들은 그렇게 믿고, 그것이 이루어지지 않으면 스스로를 패배자라고 여깁니다. 그리고 절망이라는 감정에 빠지고 말죠.

비합리적 신념 바로잡기

그렇다면 상담자는 비합리적 신념으로 고통받는 사람을 어떻게 도울 수 있을까요? 상담과정은 다음과 같은 단계를 거쳐 이루어집니다.

우선, 상담자는 내담자의 비합리적 신념들을 구별해냅니다. 예컨대, 규현 씨를 만난 상담자는 '이별은 절대 있어서는 안 되는 실패이며 자신이 앞으로도 사랑하는 사람에게서 버림받을 것이라는 증거'라는 규현 씨의 비합리적 신념을 발견해내야 합니다. 동시에 있어서는 안 되는 실패를 저질렀기에 '나는 패배자'이고 '버림받은 사람'이라는 자기비하와 절망도 찾아내야 하지요.

다음은, 내담자의 신념이 얼마나 비합리적인 것인지, 그와 함께 적극적으로 논박해야 합니다. 규현 씨의 신념대로라면, 이별한 사람은 모두 다 재기할 수 없는 패배자이며 두 번 다시는 사랑하지 못하게 되겠지요. 그러나 거의 대부분의 사람은 첫사랑에 실패하고도 다시 사랑에 빠집니다. 연애에 실패했더라도 건강한 삶을 영위할 수 있다는 것을 보여주는 사례는 넘치도록 많습니다. 이러한 사실들은 규현 씨의 생각이 터무니없는 극단으로 치달았다는 것을 보여주지요.

이러한 상담과정을 거치면서 내담자는 상담자에게, 자신을 극단적인 감정으로 몰고 가는 비합리적 신념과 자신에게 도움이 되는 합리적 신념을 구분하는 법을 배웁니다. 잘못된 인지과정을 멈추고, 긍정적인 신념으로 대체하는 법을 익히는 것이지요. 이것을 인지적 재구성이라고 부릅니다.

인지적 재구성을 통해 내담자는 '나는 구제불능이야'와 같은 부정적 신념을 '지금은 실패했지만 다시 일어설 수 있어'와 같은 긍정적 신념으로 대체하는 법을 배웁니다. 비합리적 신념에 대한 논박(D, Disputing)이 효과(E, Effect)가 있으면, 내담자는 같은 사건을 겪더라도 다른 감정(F, Feeling)을 느끼게 되지요.

용어	기호	기호 설명
논박	D	Disputting, 비합리적 신념에 대한 논박
효과	E	Effect, 논박의 효과
감정	F	Feeling, 사건에 대해 느끼는 감정

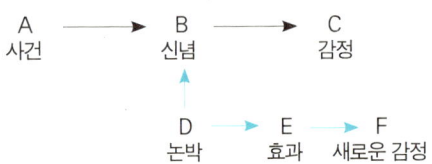

이처럼 인지적 재구성을 돕는 앨버트 엘리스의 상담기법을 합리적 정서행동치료라고 부릅니다. 감정을 극단적으로 몰고 가는 비합리적 신념과 정서를 합리적 신념과 정서로 바꾸도록 치료한다는 뜻이죠.

자, 어떤가요? 규현 씨가 긍정적인 신념을 갖고 새로운 감정을 갖는 것이 가능해 보이지 않나요? 규현 씨, 힘내세요. 아자!

PART 02 : 인지치료

당신의 쿠키틀은 무슨 모양인가요?

◯◉ 아론 벡과 우울증

여러분도 우울할 때가 있나요? 누구나 가끔은 우울할 때가 있지요. 여러분 주변에도 우울증으로 고통받는 사람이 있을 것입니다. 하지만 우울증은 만만히 볼 상대가 아닙니다. 유명인의 자살 소식이 들려올 때, 자살의 원인으로 지목되는 단골손님이 우울증이기도 하죠. 이처럼 많은 사람들이 고통받고 더욱이 그 때문에 생사가 갈리기도 하는 우울증에 대해 깊이 연구한 학자가 있습니다. 바로 아론 벡(Aaron T. Beck, 1921년 출생)입니다.

앨버트 엘리스와 쌍벽을 이루는 인지치료자인 아론 벡은 미국의 로드아일랜드 주 프로비던스에서 태어났어요. 어린 시절 학교를 그만둬야 할 정도로 치명적인 병을 앓았지만, 병을 이겨내고 다시 학교에 다니기 시작한 후에는 월반까지 했답니다. 명석한 학생이었던 벡은 대학에 들어가 정신분석가가 되기 위한 공부를 했어요.

벡은 자신이 공부하는 정신분석적 개념의 타당성을 검증하는 연구를 하기로 마음먹습니다. 앞에서 살펴보았듯이, 정신분석은 경험적 검증이 부족하다는 이유로 완전한 인정은 받지 못하고 있었지요. 벡은 이것이 못내 아쉬웠던 모양입니다. 또 치료기간이 매우 길다는 정신분석의 단점은, 단기치료를 고안하면 쉽게 극복될 것이라고 보았습니다. 벡이 우울증에 대해 깊이 연구한 것은 바로 이 때문입니다. 우울증의 특징을 명확히 밝혀내면 단기치료를 고안할 수 있겠다고 생각한 것이죠.

정신분석 수련생이던 시절 벡은, 우울증을 '자신에 대한 적개심으로 생겨나는 고통받고자 하는 욕구'라고 생각했습니다. 우울증 환자들은 스스로 고통받고 싶어하는 사람들이라는 것이죠. 그때까지 우울증을 설명하는 데 이런 정신분석적 해석이 가장 영향력 있었습니다.

그런데 우울증의 원인에 관한 정신분석의 가설을 지지하고 그 단점을 보완하려고 시작했던 벡의 연구는 정반대의 결과에 도달했습니다. 우울증 환자들은 스스로 고통받으려는 욕구가 있기는커녕, 오히려 다른 사람들의 수용과 인정을 받기 위한 행동을 더 많이 한다는 결과가 나온 것입니다.

그렇다면 왜 다른 사람들의 눈에는 우울증 환자들이 자신을 괴롭히려고 작정한 사람들처럼 보이는 걸까요? 스스로 고통받으려고 하는 것도 아닌데 말이지요. 그들은 왜 그토록 가혹하게 자신을 비난하고, 자신의 경험을 온통 다 부정적으로만 해석하며, 마치 자신이 자신의 적인 것처럼 죽이고 싶어 하는 걸까요? 벡은 이러한 증상들을 정신분석의 우울증 모델로는 설명할 수 없다는 것을 깨달았습니다. 벡에게는 상당히 당혹스러운 결과였지요.

○● 왜곡을 바로잡는 인지치료

여기에서 잠깐, 1장에서 만난 규현 씨를 기억하나요? 남들이 다 부러워할 만한 조건을 가지고도 스스로를 나쁜 사람이라고 여기는 규현 씨. 사춘기 시절부터 원인을 알 수 없는 이런 감정 때문에 힘들어했지요.

'나는 나쁜 사람이다. 나는 내가 너무 초라하고 보잘것없어서 괴롭다. 게다가 내가 누릴 자격이 없는 것들을 누리고 있다. 죽으면 벌을 받아 지옥에 갈 것이다. 오래 살면 살수록 잘못만 더 저지를 것이므로, 사는 것보다는 죽는 게 나을지도 모르겠다.'

이런 생각에 사로잡혀 있는 규현 씨, 한동안 정신분석을 받으며 상담하는 동안 조금씩 나아졌습니다. 자신에 대한 가혹한 평가나 근거 없는 죄책감을 어느 정도 제어하게 되었지요. 하지만 태어나 처음으로 사랑한 여자친구 수지 씨와 헤어지면서 규현 씨는 다시 헤어 나올 수 없는 슬픔에 빠졌습니다.

'그래, 나는 버림받아 마땅해. 이제 사람들은 모두 나를 떠날 거야. 그리고 앞으로 아무도 날 사랑하지 않겠지……'

이렇게 어두운 감정에 빠져 허우적대는 규현 씨를 안타깝게 바라보던 시원 씨. 언젠가 규현 씨가 혼잣말을 하듯 해준 이야기를 떠올립니다. 어린 시절 규현 씨의 아버지는 규현 씨와 가족을 버리고 떠나버렸지요. 그 이야기를 할 때는 규현 씨의 고통스러운 표정이 아직도 눈에 선합니다. 마치 또 그 일을 당하는 것과 같은 괴로운 표정이었지요.

마침내 시원 씨는 규현 씨를 데리고 다른 심리상담실로 갑니다. 하지만 상담실 의자에 앉는 그 순간까지도 규현 씨는 이런 생각에 빠져 있었어요.

'아무도 나를 이 컴컴한 어둠 속에서 꺼내줄 수 없어. 아무도 나를 바꾸지는 못해!'

흠, 이를 어쩌죠? 상당히 어려운 상황이군요.

벡은 이런 경우 어떤 결론을 내렸을까요? 그는 규현 씨와 같은 사람들은 왜곡된 인지를 가지고 있다고 생각했습니다. 외부에서 들어온 정보를 잘못 해석하고 잘못 처리한다는 것이지요. 따라서 벡은 그들의 왜곡된 인지를 교정하고 정보를 현실적으로 처리하도록 도와야 한다고 생각했어요. 이처럼 왜곡된 인지를 교정하는 벡의 치료방식을 인지치료라고 합니다.

인지치료는 개인이 세상을 바라보는 방식 혹은 세계를 구조화하는 방식에 의해 개인의 정서와 행동이 결정된다는 이론적 근거에 기초하고 있습니다. 거의 동시대에 합리적 정서행동치료를 고안해낸 엘리스의 생각과 많이 닮았죠. 그러나 이 두 치료는 서로 영향을 주고받지 않고 독자적으로 발전했답니다.

그렇다면 인지가 어떻게 왜곡되고 인지치료는 어떻게 이루어지는지 알아보겠습니다.

○● 내가 만들고 싶은 쿠키, 인지도식

사람들은 살아가면서 직접적으로 혹은 간접적으로 많은 경험을 하게 됩니다. 그리고 그 경험을 통해 삶을 살아가는 태도나 세상을 바라보는 시각을 갖게 되지요. 한 마디로 사고의 패턴을 갖게 되는 것입니다. 인지치료에서는 이것을 인지도식이라고 합니다. 도식이란 일반적으로 경험을 이해하는 대략적인 원리이고, 인지도식은 다양한 경험을 인지하고 세상을 바라보는 방식 혹은 원리라고 할 수 있습니다. 인지치료에서는 아주 중요한 개념이죠.

좀 어렵나요? 이렇게 생각해봅시다. 인지도식은 쿠키를 찍어내는 쿠키틀과 같습니다. 그렇다면 쿠키반죽은 무엇이라고 할 수 있을까요? 바로 경험이죠. 경험이라는 반죽을 인지도식이라는 쿠키틀에 넣어 찍어낸 쿠키는 우리의 사고나 감정이 되는 것이에요.

〈쿠키 만들기〉　쿠키반죽　──쿠키틀──▶　쿠키

〈인지과정〉　　　경　험　──인지도식──▶　사고(감정)

여기서 말하는 사고(즉, 생각)는 더 정확히 말하면 거의 즉각적으로 일어나는 자동적 사고를 의미합니다. 말하자면 그렇게 생각하려고 해서가 아니라, 의도와는 무관하게 도식이 찍어내는 대로 일어나는 사고를 의미하지요. 바람을 불어오면 눈을 깜빡이는 것처럼 거의 반사적으로 일어나는 자동적 사고는 즉각적으로 발생하기 때문에 검열하거나 통제하기 어려워요. 오히려 자신도 어쩌지 못하는 사이에 이미 사로잡혀 버리고 말죠.

　인지도식이 중요한 까닭이 여기에 있습니다. 같은 경험을 하더라도 다른 사고를 하고 다른 감정을 갖게 되는 까닭이 인지도식에서 비롯되기 때문이죠. 쿠키틀은 다양한 모양을 띱니다. 별 모양도 있고 하트 모양도 있고 똥 모양도 있을 수 있어요. 별 모양의 인지도식을 가진 사람은 별 모양의 감정과 사고에 이르고, 똥 모양의 인지도식을 가진 사람은 똥 모양의 감정을 느끼게 되지요.

　밝고 긍정적이며 진취적인 인지도식을 가진 사람은 살아가는 데 별 문제가 없습니다. 문제는 어둡고 비관적이며 자포자기한 인지도식을 가진 사람들이에요. 왜곡된 인지도식은 맛있는 쿠키반죽을 가지고 똥 모양의 쿠키를 만들어내니까요.

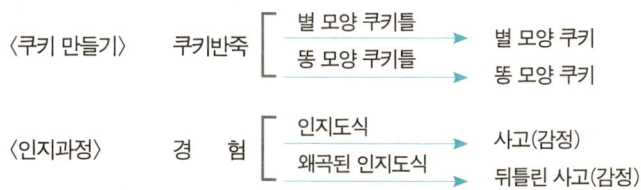

◐● 우울증을 일으키는 원인

　　　　　　자, 다시 우울증에 대한 이야기로 돌아가 봅시다. 우울증은 부정적이고 왜곡된 사고와 관련이 있습니다. 지금까지 왜곡된 사고는 우울증의 원인이 아니라 증상으로 간주되었습니다. 우울증에 걸렸기 때문에 왜곡된 사고를 한다는 것이죠.

그러나 벡은 기침과 가래, 가슴통증이 폐의 염증이라는 원인에서 비롯되듯이 우울증도 원인이 있다고 가정했습니다. 그리고 그 원인으로 바로 왜곡된 인지도식을 지목했지요. 벡은 오랜 임상연구 끝에, 우울증 환자들이 우울증을 일으키는 인지요인들을 가지고 있다는 것을 밝혀냈습니다. 또 그들은 일관되게 자기 자신과 자신의 생활 경험을 부정적으로 구성한다는 것을 발견했습니다. 말하자면 그들은 경험과 현실을 왜곡하는 인지도식을 가지고 있었던 거죠.

그렇다면 우울증을 일으키는 인지요인은 어떤 것일까요? 벡은 우울증을 일으키는 가장 중요한 인지요인을 세 가지로 나누어 설명했습니다.

첫째, 인지삼제(認知三題)입니다. 삼제란 나, 세상, 미래라는 세 가지 주제를 바라보는 인지패턴을 말하는데, 우울증 환자들은 삼제에 대해 부정적 인식을 가지고 있었습니다. 나 자신을 보잘것없게 여기고, 세상을 비관적으로 보며, 미래에 대해서도 절망감을 가지고 있었죠. 이런 인지요인을 가졌다면 우울증에 빠지지 않을 수 없겠죠?

규현 씨가 바로 이 경우에 해당합니다. 규현 씨는 '나는 버림받아 마땅해(나). 이제 사람들은 모두 나를 떠날 거야(외부세계). 그리고 앞으로 아무도 날 사랑하지 않겠지(미래)'라고 생각합니다. 전반적으로 부정적 시각을 가지고 있고 부정적 인지왜곡을 보이고 있지요.

둘째, 인지오류입니다. 이것 역시 잘못된 인지도식에서 생겨납니다. 사람들이 다 나에게 피해만 주려고 한다는 식의 근거 없는 추론, 애인에게 차인 사람들은 다 뭔가 문제가 있다는 식의 과잉일반화, 좋은 대학에 가지 못하면 죽어야 한다는 식의 극단적 사고 등이 인지오류에 속하지요.

셋째, 왜곡된 인지도식입니다. 인지삼제와 인지오류처럼 뒤틀린 생각을 하게 하는 것이 바로 왜곡된 인지도식이지요. 그렇다면 이것은 언제 어떻게 만들어지는 걸까요?

어떤 사람들은 생애 초반에 한 힘든 경험들로 인해 세상을 부정적인 인지도식을 가지고 바라보게 됩니다. 인생이 순탄할 때는 이런 부정적인 인지도식이 활성화되지 않지만, 생에 초반에 겪은 것과 비슷한 경험을 하게 되면 마음속에 숨어 있던 왜곡된 인지도식이 튀어 나오지요. 예컨대, 어렸을 적 부모와 이별했던 사람이 어른이 되어 애인과 헤어지는 경험을 하면서 마치 다시 부모에게 버림받은 것 같은 절망에 빠지는 경우이죠. 마치 규현 씨처럼 말이에요.

○● 강력한 인지적 변화

벡은 수많은 임상실험과 오랜 연구를 통해 우울증을 일으키는 원인을 밝혀냈습니다. 왜곡된 인지도식이나 부정적 인지요인을 갖게 되면 우울증에 빠지는 것이죠. 다시 말해, 우울증은 인지적 변화가 불러온다는 것입니다.

벡은 우울증 환자들의 인지적 변화를 미국의 과학사학자이자 철학자인 토마스 쿤(Tomas S. Kuhn, 1922~1996년)의 '패러다임 혁명'에 비유해 설명했습니다. 패러다임이란 한 시대 사람들의 견해나 사고를 규정하는 인식체계, 혹은 인식의 테두리입니다. 쿤은 패러다임이 혁명적으로 바뀌는 것, 즉 하나의 이론구조가 그것과 양립 불가능한 다른 이론으로 대체되는 것을 '패러다임 혁명'이라고 했어요. 대표적인 예로, 태양이 지구 주위를 돈다는 천동설이 지구가 태양 주위를 돈다는 지동설로 대체된 것을 들 수 있지요.

우울증 환자들에게서 나타나는 인지적 변화는 패러다임 혁명에 비유될 만큼 확연하게 나타납니다. 또 기존의 인지도식을 밀어내고 우울증 환자들을 지배하기 시작하는 왜곡된 인지도식은, 한 시대를 지배하는 과학적 패러다임과 맞먹을 정도로 강력합니다. 지동설이 나오기 전에 천동설이 얼마나 강력하게 그 시대를 지배했는지 생각하면 짐작이 갈 거예요. 지동설을 주장하다 화형을 당한 사람도 있었으니까요.

이처럼 왜곡된 인지도식은 강력한 만큼 그에 따르는 고통도 심하고 헤어나기도 힘듭니다. 규현 씨를 봐도 그렇습니다. 규현 씨는 항상 우울했지만 그래도 공부도 잘하고 자기 일도 잘 해내며 살아왔지요. 그런데 수지 씨와 이별하자, 가족을 버리고 떠난 아버지에게 느꼈던 그 실망감과 슬픔이 다시 찾아왔습니다. 그리고 자신은 항상 버림받는 사람이라는 생각이 확신처럼 그에게 자리 잡게 되었지요.

◯● 인지치료 과정

자, 이제 우울증을 치료할 차례네요. 벡은 왜곡된 인지도식을 교정하기 위해 상담자와 내담자는 다음과 같은 과정을 밟아야 한다고 생각했습니다.

우선 우울증 환자가 가지고 있는 왜곡된 인지도식을 발견하고, 그것이 어떤 나쁜 정서와 행동을 가져오는지 인식해야 합니다. 그런 다음 환자가 고집하는 왜곡된 인지의 증거와 반대증거를 찾고, 그 인지패턴이 왜곡된 것임을 환자가 받아들인다면 더 현실적이고 살아가는 데 더 도움이 되는 다른 인지패턴을 찾습니다.

이 과정은 상담자와 내담자가 함께 협동하며 진행해야 하지요. 상담자와 내담자는 내담자의 경험에서 치료를 시작합니다. 그 경험에서 내담자가 어떤 감정을 느꼈고 어떤 생각을 가졌는지 알아보는 거죠. 이때 주로 질문과 대답의 방식을 사용하기 때문에 이 치료방식은 소크라테스식 대화라고 불렸습니다. 소크라테스는 고대 그리스의 철학자로, 끊임없는 질문과 대답으로 철학적 대화를 나누며 진리를 탐구했답니다.

벡은 더 집중적인 치료효과를 위해 내담자의 과거기억들을 파헤치기보다는 '지금 여기'에서 가지고 있는 문제들을 해결하는 데 관심을 가졌습니다.

자, 이제 치료를 받고 있는 규현 씨의 이야기로 돌아가겠습니다. 규현 씨가 운 좋게도 아론 벡에게 직접 치료를 받는다고 가정하고, 그 과정을 살짝 엿보기로 하겠습니다.

벡은 규현 씨와 마주 앉았습니다. 얼굴에 핏기 하나 없는 규현 씨. 그래도 벡에게 정중한 태도를 보이기 위해 애쓰는 기색이 역력합니다. 수지 씨와의 이별을 겪으면서 규현 씨에게는 '나는 항상 사랑하는 사람에게 버림받는다'는 왜곡된 인지도식이 강하게 자리 잡았죠.

벡은 규현 씨에게 그런 결론을 내린 증거를 이야기해달라고 말합니다. 규현 씨는 잠시 생각에 잠기더니, 어릴 때 어머니와 자신을 버리고 집을 나가 버린 아버지와, 얼마 전 자신에게서 떠나간 여자친구 수지 씨가 그 증거라고 힘주어 말합니다.

잠자코 듣고 있던 벡은 규현 씨가 흥분을 가라앉힐 때까지 기다렸다가 다시 묻습니다. 그를 사랑하지만 버리지는 않은 사람들은 없느냐고 말이죠. 그 사람들의 존재는 규현 씨가 가진 인지도식의 반대 증거들이 될 테니까요. 엄격하지만 힘든 가정환경 속에서도 규현 씨를 사랑으로 키운 어머니, 항상 규현 씨를 걱정하는 조부모님, 늘 규현 씨를 따르는 동생들, 그리고 그를 좋아하는 친구들이 엄연히 존재하고 있네요.

이런, 사랑하는 사람들은 다들 떠나간다는 규현 씨의 생각은 너무 심한 왜곡이었네요. 이것으로 그는 자신이 극단적인 생각으로 과하게 고통받았다는 것을 깨닫게 됩니다. 벡과 규현 씨는 이제 사랑하는 사람과의 이별이나 상실을 규현 씨가 받아들이는 방법에 대해, 즉 현실적인 대안에 대해 상의하기 시작합니다.

상담자와 규현 씨는 규현 씨가 가진 왜곡된 인지도식을 발견하고, 그것의 증거와 반대증거를 찾고, 더 현실적이고 살아가는 데 더 도움이 되는 다른 인지패턴을 찾기 위해 오랜 시간 대화를 나누었을 것입니다. 자신의 인지패턴이 왜곡된 것임을 받아들이고 현실적인 대안까지 상의를 하고 나면, 규현 씨는 들어갈 때와는 달리 가벼운 발걸음으로 치료실을 나왔겠지요. 그러나 집으로 돌아간 후에도 그럴까요?

집으로 돌아온 규현 씨. 혼자가 되니 또 우울한 생각이 스물스물, 극단적인 감정이 꼬물꼬물 올라옵니다. 지금은 벡과 함께 있는 것도 아닌데 어떡하죠? 규현 씨는 벡과 손가락까지 꼭꼭 걸고 약속했던 것처럼, 벡과 나눈 대화를 혼자 다시 해보기로 합니다.

Q. 내가 항상 버림받고 혼자라는 생각의 증거는 무엇인가?

A. 아버지와 수지가 날 버리고 떠났다는 것. 음, 생각보다 많진 않군. 둘뿐이니까.

Q. '혼자라는 상황'이 정말 영원히 끝나지 않을까?

A. 좀 길어질 순 있지만, 영원은 아닐 거야. 그래, 내가 성직자가 된 것도 아니고.

Q. 내가 주말 저녁에 혼자 있고 아무도 나에게 전화를 걸지 않는다는 것이, 정말 아무도 나를 사랑하지 않는다는 절대적인 증거가 될까?

A. 조금은 그럴 수 있겠지만, 절대적인 것은 아니지. 게다가 지난번 시원이 술 마시자고 전화했을 때는 내가 안 나갔잖아……

이렇게 자문자답을 해보는 것은 상담자와 함께했던 치료의 효과를 지속시켜줍니다. 내담자가 상담자와 함께 있을 때는 멀쩡하다가 상담실을 나와 집으로 돌아온 이후에 다시 상담 이전의 상태로 돌아간다면, 치료는 아무 의미가 없겠지요. 규현 씨는 이런 연습을 통해 왜곡된 인지도식에 의해 자동적으로 일어나는 사고에서 조금씩 벗어나게 되고, 더 현실적이고 자신에게 도움이 되는 생각들을 찾아내게 된답니다.

하지만 이것으로 치료가 끝나는 것은 아닙니다. 행동교정치료가 남아 있지요. 상담자는 규현 씨에게 숙제를 내주었습니다. 숙제를 잘 해냈을 때는 별 스티커를 붙이고, 별 스티커가 스무 개 모이면 규현 씨가 좋아하는 와인을 선물하기로 약속했지요. 유치하다고요? 하지만 이러한 행동교정치료는 인지행동치료에서 중요한 부분을 차지한답니다.

행동교정치료를 위해 상담자와 규현 씨의 약속은 이런 것이었습니다.

1. 매주 목요일, 먼저 친구들에게 전화해 주말 약속을 잡는다.
    (주말 저녁마다 누군가 먼저 연락하기를 기다리지 말고.)
2. 매주 월요일, 이별한 사람들의 모임에 나간다.
    (나가서, 그들과 내가 정말 영원히 불행할 사람들인지 아닌지 확인한다.)
3. 잠자기, 와인 마시기, 게임하기, 텔레비전 보기, 족구하기와 같은 일상 활동을 세밀하게 관찰해서 더 좋아하는 활동 순으로 점수를 매긴 다음, 점수가 높은 활동을 더 많이 한다.
4. 하고 싶지만 할 수 없는 일이 있다면 단계를 밟아 천천히 시도한다. 예컨대, 기운이 없어 족구를 할 수 없다면 처음엔 족구 경기를 관람만 한다. 1주일 후에는 경기에 5분간 참여하고, 그 다음엔 미니경기에 뛰도록 한다.

벡과 엘리스의 방식은 인지를 바꾸면 정서적 고통이 치유된다고 본 점에서 매우 비슷합니다. 그렇지만 엘리스가 내담자의 비합리적 신념을 적극적으로 논박해서 제거했다면, 벡은 질문과 대화를 통해 내담자 스스로 왜곡된 부분을 깨닫도록 이끈다는 점에서 다릅니다. 엘리스와 내담자의 관계가 가르치고 가르침을 받는 교사와 제자의 관계라면, 벡과 내담자의 관계는 질문을 주고받는 평등한 관계라고 할 수 있겠군요.

벡은 우울척도와 자살척도를 개발하는 등, 우울증의 치료에서 획기적인 역할을 했습니다. 보통 사람들이 우울증 혹은 심각한 불안이 아닐까 의심될 때 사용하는 BDI(Beck Depression Inventory), BAI(Beck Anxiety Inventory) 검사척도를 개발한 것도 벡입니다. 이 척도들은 정신과에서도 많이 쓰인답니다.

어떤 것이냐고요? 궁금하다면 인터넷 검색사이트에서 검색을 해보세요. 그러면 그 문항의 내용과 다양한 정보들이 뜹니다. 그만큼 벡은 우울증 치료와 연구에 커다란 공헌을 한 것이지요. 벡은 지금도 여전히 활발한 연구와 임상실험에 몰두하고 있답니다.

우울증 내담자들이 스스로 고통받기를 원하는 것이 아니라, 왜곡된 인식도식으로 인해 고통받고 있다는 벡의 생각은 우울증 내담자를 바라보는 사람들의 시각을 완전히 바꿔놓았습니다. 많은 사람들이 우울증을 앓고 있는 사람들을 볼 때, 그들이 나약하기 때문이라거나 엄살을 부리고 있다며 오히려 그들을 책망해왔으니까요.

벡의 인지치료는 오늘날 불안과 공포장애, 부부관계와 같은 대인관계 문제, 알코올중독 등의 단기치료에서도 영향력을 발휘하고 있습니다. 그리고 제프리 영의 '심리도식치료'가 태어나게 했답니다.

PART 03 : 심리도식치료

인지치료가 소용없다면?

○● 제프리 영

컬럼비아대학교 정신과 교수인 제프리 영 (Jeffrey E. Young)은 아론 벡에게서 인지치료를 교육받았습니다. 벡의 제자였죠. 그런데 영은 인지치료만으로는 치료효과가 나타나지 않는 경우가 있다는 것을 발견했어요.

벡의 인지치료는 우울증과 불안장애에 효과가 있었고, 특히 이혼이나 사별 또는 사고 등 어떤 사건이나 경험으로 생긴 심리장애, 그러니까 원인이 분명한 심리장애에 효과가 있었습니다. 앞서 말했듯이, 인지치료는 내담자의 과거기억들을 파헤치기보다는 '지금 여기'에서 가지고 있는 문제들을 해결하는 데 관심을 두기 때문이죠.

그런데 인지치료를 받으러온 내담자 가운데는 치료과정 자체가 잘 이뤄지지 않거나, 치료를 성공적으로 끝냈는데도 자꾸 재발하는 경우가 있었습니다. 바로 성격장애 환자들이었죠. 영은 이들에 대한 연구를 시작했고, 그 결과 이들이 특정한 심리도식을 갖고 있다는 것을 알아냈어요. 그리고 그들을 치료할 방법을 찾아냈지요. 바로 심리도식치료랍니다.

○● 성격장애와 인지치료

성격장애에 대해서는 이상심리학을 다루는 6장에서 자세히 다룰 것이므로, 여기에서는 영이 고안한 '심리도식치료'를 이해하기 위해 간단하게 알아보도록 하겠습니다.

성격장애 내담자들은, 사회적 활동이 불가능할 정도로 성격적 장애가 있는 사람들입니다. 환경에도 적응하지 못하지요. 이들은 평소에는 큰 문제 없이 지내다가 우울증이나 조증(기분이 비정상적으로 좋아지고 자신에 대해 과대평가하는 상태) 또는 불안증이 찾아오면 일상생활이 어려워지는 그런 경우와는 다릅니다. 성격장애자들은 일생동안 계속 일관되게, 대인관계나 가정생활, 자신에 대한 자아 정체감에 문제가 생기고 대인관계가 곧잘 파국으로 치달으며 자신에 대해서도 비상식적으로 평가하는 사람들입니다.

대인관계에 대해서도 자신에 대한 평가에도 비상식적인 성격장애자들은 살아가는 게 무척 힘이 듭니다. 다른 사람에게 사랑과 인정을 받기가 어려우니까요. 그들의 주변사람들도 마찬가지로 힘들지요.

성격장애는 몇 가지로 분류됩니다. 연쇄살인범과 같은 사람은 반사회적 성격장애로 분류됩니다. 자신을 왕자나 공주로 알고 주변사람들을 하인 취급하는 사람들은 자기애가 너무 큰 자기애성 성격장애이고요. 상대방을 믿었다가 안 믿었다가, 자신을 사랑했다가 경멸했다가 하며, 주변사람들을 시험에 들게 만들어 안정된 관계를 맺지 못하는 사람은 경계선 성격장애입니다.

이런 성격장애가 있는 사람들에게는 인지치료가 효과가 없습니다. 인지치료를 하려면 상담자와 내담자가 서로 협동하고 신뢰해야 합니다. 무엇보다도 내담자는 치료에 대한 확고한 의지와 목표를 가지고, 상담자의 의견에 귀를 기울이고 숙제를 포함한 치료과정에 적극 참여해야 하죠. 그런데 성격장애 내담자들은 워낙 다른 사람을 믿지 못하기 때문에, 상담자도 신뢰하지 못하는 경우가 많습니다.

또한 일생 동안 문제가 계속 반복되었고 많은 상처를 받았기 때문에, 치료과정이 조금만 버거워져도 쉽게 절망하고 그만두려 합니다. 게다가 지금 겪고 있는 문제들이 워낙 뿌리가 깊고 오래되었기 때문에 자신이 확실히 무슨 문제를 갖고 있는지를 잘 모릅니다. 다만 고통스럽다는 느낌만이 있을 뿐, 자신이 어느 방향을 향해 가야 하는지에 대해서도 전혀 알지 못하지요.

○● 초기 부적응도식

영은 성격장애 내담자들이 치료에 실패하는 것에 관심을 가졌습니다. 그러면서 성격장애자들이 어떤 핵심적인 심리주제를 가지고 있으며, 줄곧 그것에 휘둘려왔다는 것을 알게 되었습니다. 그들이 가진 심리주제는 생애 초기에 시작되어 일생동안 반복되는 자기 패배적인 감정과 사고의 패턴이었습니다. 영은 그것을 초기 부적응도식이라고 불렀습니다. 청소년기 이후나 어른이 된 후에 형성된 심리도식이 아니라 매우 어린 시절 만들어졌다는 의미에서 '초기'라고 하고, 인생을 살아가며 만나는 문제들을 해결하는 데 도움을 주는 것이 아니라 오히려 문제를 반복해서 일으키고 문제해결에 역기능을 한다는 의미에서 적응이 아닌 '부적응' 도식이라고 한 것입니다.

예컨대, 어린 시절부터 뚱뚱하고 못생겼다는 말을 듣고 자란 사람은 그것만이 자기 모습이라고 생각합니다. 그래서 아무도 자기를 사랑해 주지 않을 것이라고 생각하지요. 이렇듯 자신에 대한 부적절한 생각이 다른 사람들이 자신을 싫어할 것이라고 생각하게 만들고, 나아가 대인관계가 단절되는 삶을 살 거라고 믿어버리게 만들지요. 그리고 이 때문에 자신을 끊임없이 비하하고 사람들에게서 자신의 모습을 더 숨기고 관계 맺기를 거부합니다. 더 이상 상처받고 싶지 않은 것이에요. 이와 같은 것이 바로 '부적응적 도식'입니다. 일종의 수치심 도식이라고 할 수 있죠.

초기 부적응도식은 매우 어린 시절 만들어져 일생에 걸쳐 반복되어 나타납니다. 그 내용도 매우 광범위한 주제 또는 패턴, 기억, 감정, 인지, 신체감각, 그리고 자신과 타인, 대인관계에 대한 평가로 이뤄져 있습니다.

초기 부적응도식은 사람을 세상에 '적응'시키는 것이 아니라 '부적응'하게 만들기 때문에, 버려야 마땅합니다. 하지만 이것은 쉬운 일이 아닙니다. 사고의 패턴은 한번 만들어지면 버리기 어렵습니다. 인생을 사는 데 전혀 도움이 안 된다는 것을 깨달았을 때에도 놓아버리기 힘들지요. 사람은 기본적으로 일관성을 유지하며 편안하고 익숙한 것 안에 안주하려는 본능이 있기 때문이에요. 초기 부적응도식을 가진 사람들은 이러한 경향이 더욱 완고합니다. 자신이 가진 도식을 무엇보다 우선으로 여기며, 변치 않을 진실로 간주하지요. 그래서 별 상관이 없거나 어울리지 않는 경우에까지 이 도식을 끼워 맞추려 안간힘을 쓴답니다.

그렇다면 초기 부적응도식은 왜 만들어지는 것일까요? 영은 아동기에 충족되지 못한 핵심적 정서욕구가 부적응적인 심리도식을 만들어낸다고 보았습니다. 여기에서 핵심적 정서욕구란, 타인에게 안정적인 돌봄과 수용을 받는 것, 욕구와 감정을 표현하는 것, 자신이 유능하다는 감정을 갖는 것, 자신이 누구인지 정체감을 갖고 자신의 한계를 알고 자신을 통제할 줄 알게 되는 것 등을 가리킵니다. 아주 어린 시절 이런 정서욕구가 충족되지 않는다면, 치명적일 수 있겠다는 생각이 들지 않나요?

어린아이에게는 부모나 형제와의 가정생활이 세상 전부입니다. 그렇기 때문에 그 안에서 경험하는 감정과 관계는 어른이 된 후의 경험에도 영향을 미칩니다. 물론 개인의 정서적 기질도 무시할 수는 없습니다.

선천적으로 활달한 사람과 우울한 사람이 분명히 있으니까요.

영은 아래 표와 같이 초기 부적응도식을 5개 범주로 나누고 18개로 개념화했습니다.

〈초기 부적응도식〉

(1) 단절 및 거절: 분리, 냉담, 거절, 외로움을 느끼며 자랐고, 억제적이며 폭발적이고 예측하기 힘들며 학대하는 가족기원을 지녔다.

① 유기 · 불안정: 자신에게 지지와 연결을 제공하는 대상이 불안정하거나 신뢰할 수 없다고 지각한다.
② 불신 · 학대: 타인이 고의적으로 자신을 해치고 학대하고 모욕하고 속이고 조종하고 이용할 것이라고 지각한다.
③ 정서적 결핍: 양육결핍(관심 · 애정의 부재) + 공감결핍(이해 · 감정공유의 부재) + 보호결핍(지도 · 안내의 부재)
④ 결함 · 수치심: 자신의 참모습을 드러내면 중요한 타인에게서 사랑을 받지 못할 것이라고 여긴다. 결함은 수치라고 지각한다.
⑤ 사회적 고립 · 소외: 세상으로부터 고립되어 있고 남들과 다르다고 느끼며 소속감을 갖지 못한다.

(2) 손상된 자율성 및 손상된 수행: 밀착, 과잉보호, 자신감을 약화시키는 가족기원을 지녔다.

⑥ 의존 · 무능감: 타인의 도움 없이는 일상적인 일을 감당하지 못할 것이라고 지각한다.
⑦ 위험 · 질병에 대한 취약성: 재난에 대한 과장된 공포를 지녔다(공포의 초점: 의학적 재난, 정서적 재난, 외부적 재난).
⑧ 융합 · 미발달된 자기: 개별화하지 못하고, 타인과 지나치게 밀접하거나 정서적으로 연루되어 있다.
⑨ 실패: 이미 실패했거나 결국엔 실패할 것이라고 믿는다.

(3) 손상된 한계: 적절한 한계를 제공하기보다, 허용, 방임, 무지도, 우월감을 심어주는 가족기원을 지녔다.

⑩ 특권의식 · 과대성: 타인의 욕구를 배려 · 공감하지 못하고 자신의 욕구에 맞도록 타인의 행동을 통제하려 한다.
⑪ 부족한 자기통제 · 자기훈련: 자기통제 능력 좌절을 견뎌내는 능력을 발휘하지 못하며, 개인적인 통합을 이루지 못한다.

(4) 타인-중심성: 조건적인 수용을 제공하는 가족기원을 지녔다.

⑫ 복종: 처벌을 피하기 위해 굴복한다. 욕구의 복종(자신의 욕구 억제) + 정서의 복종(분노감 억제).
⑬ 자기희생: 남들에게 고통을 주지 않고, 이기적이라고 느껴질 때 생기는 죄책감을 피하기 위해 자기희생을 감내한다.
⑭ 승인·인정 추구: 타인의 승인, 인정, 관심을 지나치게 얽매인다. 타인의 반응에 의해 좌우되며 거절에 민감하다.

(5) 과잉 경계 및 억제: 엄하고 요구사항이 많으며 때로는 처벌적인 가족기원을 지녔다. 비관적이며 걱정이 많다.

⑮ 부정성·비관주의: 낙관적인 측면을 최소화하고, 부정적인 측면을 과장하고 거기에 초점을 맞춘다. 걱정, 불평이 많고 우유부단하다.
⑯ 정서적 억제: 수치심이나 충동 통제력의 상실을 피하기 위해 자신의 행동, 느낌, 의사소통을 지나치게 억제한다.
⑰ 엄격한 기준·과잉비판: 행동과 수행에 대한 높은 내적 기준을 지녔다. 자신과 타인을 지나치게 혹평한다.
⑱ 처벌: 실수에 대해 가혹한 처벌이 있어야 한다고 믿는다. 정상 참작 및 인간의 불완전함을 수용하지 못한다.

○● 부적응 심리도식에 대처하는 방식

영은 성격장애 내담자들이 5개의 범주, 18개 개념으로 나눈 부적응 심리도식에 대처하는 방법을 세 가지로 나누어 설명했습니다. 심리도식에 굴복하는 것, 회피하는 것, 그리고 과잉보상 하는 것입니다.

수지 씨와 이별한 후 심한 우울증을 겪었던 규현 씨는 인지치료를 통해 우울증을 해소할 수 있었어요. 그런데 얼마 지나지 않아, 잘 지내는 것 같았던 규현 씨가 다시 극심한 외로움과 우울증을 호소하기 시작했어요. 사실 이런 감정은 최근의 일이 아니에요. 일생 동안 규현 씨를 짓눌러온 것이죠.

최근 규현 씨를 상담해온 이 박사님은 규현 씨에게 심리도식치료를 적용해보기로 했습니다. 영의 5개 범주 가운데 첫 번째인 '단절과 거절', 그 중에서도 규현 씨는 '유기·불안정'의 심리도식을 가지고 있는 것 같았어요. 어린 시절 가족을 버리고 집을 나간 아버지에 대한 기억 때문에 규현 씨의 마음속에는 언제나 불안이 도사리고 있었지요. 언제든 상대방이 자신을 버릴 수 있다는 불안이었어요. 그래서 규현 씨는 사람들을 믿을 수 없었죠. 언제 변할지 모르니까요.

규현 씨는 경계선 성격장애에 가까운 것 같았습니다. 그의 심리도식은 그가 타인과 세상, 자신에 대해 일관된 정서를 갖기 어렵게 만들었습니다.

그럼 여기서 규현 씨가 수지 씨와의 관계에서 어떤 방식으로 행동해왔는지 한번 들여다볼까요? 두 사람의 관계에서 규현 씨가 보인 행동은, 영의 관점으로 볼 때 규현 씨가 부적응 심리도식에 대처하는 방법을 그대로 보여줍니다.

수지 씨는 애초에 규현 씨를 사랑으로 감싸기가 어려운 사람이었습니다. 매력적인데다 쫓아다니는 남자들도 많았고, 활동적이고 성공을 위해 끊임없이 일에 파묻혀 있는 스타일이었어요. 하늘거리는 원피스와 고전적인 여성스러움을 좋아하고 소심한 규현 씨의 이상형도 아니었죠. 그런데도 왜 규현 씨는 수지 씨에게 끌린 걸까요?

규현 씨는 처음 수지 씨를 만나는 순간부터 버림받을지 모른다는 생각을 했습니다. 정말 이상한 것은 그런데도 이상형도 아닌 수지 씨에게 계속 끌린다는 것이었어요.

사귀게 된 이후에도 불안은 계속되었습니다. 늘 자신을 버릴지 모른다는 생각에 과도하게 집착했지요. 그 때문에 수지 씨의 핸드폰을 수시로 살폈고, 연락이 안 된다며 수지 씨 집 앞으로 달려간 적도 여러 번 있었어요. 가장 심한 것은 수지 씨가 다른 남자들과 있는 모습을 보았을 때였어요. 격하게 화를 내며 수지 씨를 비난했지요. 얼마나 격했는지, 마치 공격당할까 봐 먼저 공격하는 동물 같았어요.

헤어진 다음에도 마찬가지였습니다. 그렇게 힘들어 하면서도 '처음부터 이렇게 될 줄 알았다'는 생각이 떠나지 않았지요.

규현 씨가 '나는 사랑하는 사람에게 버림받을 것'이라는 심리도식에 대처한 방식은 굴복이었군요. 아버지처럼 자신을 '버릴 만한(혹은 기꺼이 버려줄)' 사람을 선택한 것은 자신의 심리도식에 굴복한 결과이죠.

그래 놓고선 수지 씨가 자신을 버릴지 모른다는 생각에 과도하게 집착했습니다. 다른 남자와 있는 수지 씨를 보고 과하게 화를 냈고요. 이것은 심리도식에 대처하는 또 다른 방식인 과잉보상입니다.

규현 씨가 보이는 이런 모습은 상대방에 대해 일관된 믿음이나 정서를 유지할 수 없는 경계선 성격장애자들이 보이는 일반적인 모습이기도 합니다.

규현 씨의 치료는 쉽지 않았습니다. 이 박사님은 진심을 다해 규현 씨의 이야기에 귀 기울였지만, 규현 씨가 마음을 영 열지 않았거든요. 이런 식이면 규현 씨의 근본문제에 접근조차 하기 어렵지요. 상담자는 내담자와 신뢰하는 관계를 맺지 않고는 치료의 효과를 기대할 수 없기 때문에 이런 경우 치료에 꽤 애를 먹었습니다.

그렇다고 피하기만 하는 것은 아닙니다. 규현 씨는 이 박사님의 눈치를 살피며 기분을 맞추려 했어요. 상담시간을 잡을 때도 박사님의 일정에 무조건 맞추었죠. 이 박사님은 규현 씨를 이해했어요. 규현 씨처럼 경계선 성격장애가 있는 사람들이 흔히 보이는 태도이니까요. 특히 집안 사정을 생각하면 충분히 그럴 수 있죠.

남편 없이 아이들을 키운 규현 씨의 어머니는 아이들을 일일이 챙길 수 없었을 거예요. 아이들이 제 할 일을 잘 해야 인정해주고 관심을 보이는 방식으로 살았을 테죠. 그랬다면 맏이인 규현 씨는 특히나 어려서부터 자신의 감정이나 욕구는 누르고 어머니가 시키는 대로 살아야 한다고 믿었을 거예요.

규현 씨는 어린 시절부터 어머니의 인정과 관심을 받기 위해 자신의 감정이나 욕구를 누르고 어머니가 시키는 대로 행동했지요. '타인 중심' 범주에서 '자기희생'의 도식을 가진 것이죠. 그렇다면 규현 씨는 상담자와의 친밀한 관계를 회피하고 있다고 볼 수 있겠군요. 또 친밀해지는 것을 피하면서도 상담자의 눈치를 살피며 기분을 맞추려 한 것은 '자기희생'의 도식에 '굴복'한 것이라고 할 수 있습니다.

○● 심리도식치료 과정

자, 이제 치료과정으로 들어가 봅시다. 앞서 말한 대로 성격장애의 경우, 치료하기가 매우 어렵습니다. 규현 씨처럼 마음을 열지 않는 경우도 많고, 워낙 사람을 믿지 못하기 때문에 상담자도 신뢰하지 못하죠. 또 평생 반복되는 문제에 많은 상처를 받은 터라 쉽게 절망하고 쉽게 그만두려 합니다.

이들을 치료하기 위해 상담자는 먼저 사례개념화(case conceptualization)부터 시작합니다. 이것은 말 그대로 상담사례를 개념화한다는 말로, 상담자가 내담자의 상담사례를 이해하는 틀이라고 할 수 있습니다. 우리가 병원에 갔을 때를 생각해보면 쉽게 이해가 될 거예요. 병원에 가면 치료받기 전에 먼저 진료를 하지요. 의사에게 증상을 이야기하면 의사는 청진기 같은 도구를 이용해 진료를 합니다. 그런 다음 병에 대한 지식과 경험을 바탕으로 진단을 내리죠. 심리치료에서는 이 과정이 좀 더 복잡하고 섬세하게 다뤄지는데, 이것이 바로 사례개념화입니다.

영의 사례개념화 방식은 실제 임상 상담자들에게도 상당히 유용하게 쓰이는데, 다음 다섯 과정으로 이루어집니다.

첫째, 상담자는 내담자가 일상적으로 유지하고 있는 역기능적 생활패턴을 밝혀냅니다.

둘째, 그 패턴을 통해 초기 부적응도식을 밝혀냅니다.

셋째, 그 도식이 만들어진 아동기나 청소년기의 기원을 이해합니다.

넷째, 그 도식에 대처하는 내담자의 대처방식과 대처반응을 정리합니다. 대처방식은 앞서 살펴본 대로 굴복, 회피, 과잉보상으로 나타나고, 대처반응은 대처방식을 실현시킨 행동을 가리키는 말입니다. 규현 씨는 남자와 함께 있는 수지 씨를 보고 과잉보상이라는 대처방식을 격하게 화를 내는 것으로 드러냈는데, 이런 반응이 대처반응입니다.

마지막으로 다섯째, 상담자의 선천적인 정서 기질을 평가합니다.

이 다섯 과정을 통해 상담자는 내담자를 효과적으로 평가하게 됩니다. 이 과정에서 영이 개발한 심리도식 질문지, 양육 질문지 등 여러 질문지들이 활용되지요.

그런데 이렇게 평가가 이뤄져 상담자가 내담자의 심리도식을 어느 정도 파악했다 하더라도, 이것으로 모든 평가가 끝나는 것은 아닙니다. 이 평가는 영원히 변치 않는, 확정된 진리가 아니기 때문이죠. 따라서 상담자는 자신이 파악한 내담자의 심리도식을 언제든 수정될 수 있는 잠정적인 가설로만 여겨야 합니다. 내담자를 통해 확인하고 보완해야 하는 가설이라는 것이지요.

아무튼 사례개념화가 이루어지면, 다음은 내담자가 자신의 심리도식을 이해하고 그것에 건강하게 대처하는 방식을 연습하도록 해야 합니다. 우선 심리도식을 이해하기 위해 체험적 전략과 인지적 전략을 사용합니다.

체험적 전략(혹은 체험적 방략)은 중요한 사건의 장면을 떠올려 그때 느낀 감정이나 사고를 심상으로 표현함으로써 심리도식의 기원을 이해하는 방법입니다. 규현 씨의 경우, 아버지가 집을 나간 날 아침, 엄마와 함께 하염없이 울던 장면을 떠올리고, 그때 느낀 감정에서 심리도식의 기원을 찾아봅니다. 그때의 감정을 다시 체험하는 과정에서 자신의 심리도식이 어떻게 만들어졌는지 이해하는 것이죠. 심리도식과 그에 따른 행동패턴이 형성된 어린 시절의 기원을 알아야 어떻게 바꿔야 할지도 알게 될 테니까요.

체험적 전략이 심리도식에 대한 정서적 이해라면, 인지적 전략(혹은 인지적 방략)은 이성적 이해라고 할 수 있습니다. 인지적 전략에는 대처카드, 심리도식일지 등이 사용되지요. 대처카드는 부적응적인 심리도식이 발동할 때 더 올바른 감정으로 대처하는 방법을 적어놓은 카드를 말합니다. 내담자는 부적응 심리도식이 일어날 때마다 이 카드를 꺼내 읽으며 올바른 감정으로 대처하는 연습을 하는 것입니다. 심리도식일지는 일기와 비슷한 것으로 내담자가 자신의 인지적 연습상태를 확인하기 위해 작성합니다.

이렇게 내담자가 머리와 가슴으로 자신의 심리도식을 충분히 이해했다면, 이제 필요한 행동을 구체적으로 연습하고 실행할 차례입니다. 굳어버린 행동패턴을 바꾸지 않는다면, 원래의 심리도식이 활성화되었을 때 치료 전과 같은 행동이 반복되어 나타날 테니까요. 상담자는 내담자의 일상에서 건강한 변화가 일어나도록 함께 건강한 행동을 연습하고, 역할극도 하고, 일상생활에서 행동패턴의 변화를 계속 일으키도록 구체적인 행동이 담긴 숙제를 내주기도 합니다.

영의 심리도식치료에 대해 간략하게 알아보았지만, 실제 치료과정은 이렇게 단순하지 않습니다. 많은 시간이 소요되는 지난한 과정이지요. 하지만 영의 심리도식치료는 정신과에서도 많이 쓰일 뿐 아니라, 쉽게 쓴 자기치유서도 여러 권 발간되어서 스스로 자신의 문제에 적용하고 스스로 치유하도록 돕고 있어요. 그 가운데 한 권이 ≪새로운 나를 여는 열쇠(Reinventing Your Life)≫로 번역되어 우리나라에도 소개되어 있답니다.

○● 인지치료와 심리도식치료의 차이점

영의 심리도식치료와 벡의 인지치료는 많은 부분에서 서로 비슷해 보입니다. 그러나 심리도식치료는 만성적인 성격장애의 치료를 목표로 하고, 인지치료는 우울증과 같은 구체적 증상의 완화에 목표를 두기 때문에 근본적인 차이점들이 존재합니다.

인지치료가 현재의 문제에 초점을 맞추었다면 심리도식치료는 현재의 문제를 일생동안 지속되는 패턴의 일부로 보는 생각의 전환을 이뤘다고 할 수 있습니다. 그래서 심리도식 상담자는 치료의 구조나 목표설정에 얽매이기보다는 과거와 현재를 넘나들며 유동적인 자세를 취합니다.

또한 인지치료가 아동기의 경험과 같은 과거의 경험을 부수적으로만 다루는 데 비해, 심리도식치료는 아동기의 경험과 양육자의 태도 등을 강조합니다. 인지치료가 인지도식의 오류를 지적하고 교정하는 데 더 집중했다면, 심리도식치료는 심리도식의 기원을 설명하려 노력하고 체험적 활동을 통해 과거의 경험들을 극복하도록 도와주지요.

이렇듯 과거 경험을 다루는 데 차이가 있기 때문에, 인지치료와 심리도식치료는 상담자와 내담자의 치료관계도 다를 수밖에 없습니다. 인지치료의 상담자도 내담자와 좋은 치료적 관계를 맺기 위해 노력하지만, 그것은 어디까지나 치료과정에서 내담자의 동기를 북돋우기 위해서라고 볼 수 있습니다. 그러나 심리도식치료의 상담자는 과거에 내담자가 경험하지 못했던 좋은 양육자의 역할을 제한적이나마 수행합니다. 이때 내담자는 상담자와의 좋은 관계를 경험함으로써 자신의 정서가 교정되는 경험을 하게 되지요.

심리도식치료는 만성적 성격장애를 가진 사람들을 위한 치료방법으로 개발되었습니다. 성격장애자들의 문제는 그 뿌리가 깊고 오래되었기 때문에 필연적으로 양육자와의 관계나 과거경험을 중시하는 애착이론이나 대상관계이론 또는 정신분석의 요소들을 포함하고 있습니다. 그러면서도 인지치료와 많은 부분을 공유하고 단점을 보완하고 있는 통합적인 치료모델입니다.

영은 아직까지도 활발히 활동하며 저술과 강연활동을 통해 심리도식치료의 보급에 힘쓰고 있습니다.

인지심리학

우리가 보는 것은 진짜일까?

PART 01 : 지각

이건 토끼일까, 오리일까?

○● 인지과정

믿고 있는 것(신념), 알고 있는 것(인지)을 변화시킴으로써 우리의 마음을(나아가서는 행동을) 바꿀 수 있다는 것을 앞장에서 살펴보았습니다. 그렇다면 마음은 어떤 기능을 하는 것일까요? 마음은 어떻게 작용하는 것일까요? 인지행동치료는 마음에 대한, 구체적으로는 인지과정에 대한 궁금증을 키웠습니다.

마음의 기능 가운데 가장 중요한 것은 인지능력입니다. 이것은 '무언가를 아는 능력'이고, 새로운 지식을 받아들이고 그것을 활용하여 이 세상에 적응하는 힘입니다. 무언가를 아는 능력은 배우고 익히는 데에만 요긴한 것이 아닙니다. 사회생활을 비롯해 이 세상을 살아가는 데 아주 중요하지요.

이런 이유로 다중지능이론으로 유명한 하워드 가드너(Howard Gardner)는, '무언가를 안다는 것'은 인간 마음의 작용에서 비롯되기 때문에 이것을 연구하는 학문은 '마음의 과학'이라고 부를 수 있다고 주장했습니다. 마음에 대한 연구는 인지과정에 대한 연구라고 할 수 있다는 말입니다.

원래 인지(cognition)는 모든 형태의 지식을 나타내는 일반적인 용어였습니다. 그러다가 지식을 만들어내고 배우고 인식하는 인간의 정신활동에 주목하면서, 철학, 심리학, 과학에서 이것을 설명하려고 시도해왔습니다. 철학에서 인지에 대한 탐구는 '인식론'이라는 철학의 흐름을 만들어냈습니다. 지식의 기원이나 범위, 인식의 구조 등을 연구하는데, 대표적인 인지철학자로는 데카르트, 스피노자, 칸트 등이 있지요.

심리학에서 인지심리학이란 인지과정을 연구하는 분야로, 인간이 정신적 내용을 어떻게 조작하는지 밝히는 것을 목표로 합니다. 예를 들어, 세상을 해석하는 방식, 인생의 어려움과 갈등을 풀어 나가는 방식을 찾아내는 것이죠. 지능, 지각, 주의, 기억, 언어, 문제해결 사고 등이 모두 인지심리학의 영역입니다.

아무튼 인지(cognition)란 감각기관으로 들어온 자극을 여러 방법으로 변형하고 부호화(coding)하고, 기억 속에 저장하고, 그것을 사용할 경우 인출하는 정신과정을 가리킵니다. 앞에서 설명했듯 마음을 설명하려는 철학적, 심리학적, 과학적 시도들은 컴퓨터의 발달, 즉 정보처리체계에 대한 이해와 더불어 발전했습니다. 인간의 마음 역시 일종의 정보처리체계로 이해할 수 있다는 것이죠. 그래서 인지심리학자들은 마음을 다음과 같은 여러 단계의 인지과정으로 구분하여 설명합니다.

지각 → 심상 → 문제해결 → 기억 → 사고

자, 이제 인지과정이 어떻게 이루어지는지 알아볼까요? 인지과정은 먼저 감각기관을 통해 사물을 지각하는 것에서 시작합니다. 예컨대, 우리는 눈을 통해 시각적 자료를 지각하지요. 그런데 눈앞에서 사물이 사라지고 지금은 없더라도 이것이 하나의 이미지, 즉 심상으로 머릿속에 남습니다. 심상은 직접 사물을 조작하지 않더라도 머릿속에서 여러 문제들을 해결하는 재료로 쓰입니다. 지각을 통해 만들어진 심상이 문제해결 과정에서 그려지는 것이죠.

이것은 한순간 진행되고 마는 것이 아니라 시간이 지난 다음에도 쓸 수 있어야 합니다. 그래서 기억하는 과정을 거치고, 기억된 많은 이미지, 관념, 심상들을 통해 우리는 고차원적인 사고를 하게 되는 것입니다. 다시 말해, 이러한 과정을 거쳐 눈앞에 사물이 없더라도 머릿속에서 여러 가지 가설을 세우고 추론하고 문제해결하고 생각을 발전시키는 고차원적인 정신과정이 일어나는 것이죠.

수정이는 생일 선물로 최신 스마트폰을 받았습니다. 하지만 상자를 연 수정이는 당황하고 말았습니다. 전원버튼이 어디 있는지 알 수가 없었거든요. 스마트폰을 이리저리 돌려보다가 겨우 아랫면에서 작은 단추 하나를 발견했습니다. (→ 지각) 친구들이 사용하는 스마트폰에서 전원버튼이 이와 비슷한 곳에 있었다는 것을 떠올렸던 거죠. (→ 심상) 이제 수정이는 전원을 켤 수 있겠죠? (→ 문제해결) 수정이는 최신 스마트폰들이 전원버튼을 잘 안 보이는 곳에 감추고 있다는 것을 잘 기억해놓았습니다. (→ 기억) 시간이 지난 다음, 언니가 태블릿PC를 샀을 때나 엄마가 새 스마트폰을 구입했을 때, 수정이는 전원버튼을 금방 찾아주었답니다. (→ 사고)

인지과정에 대해 간단히 설명했지만, 이것만으로는 부족한 것이 많습니다. 인지과정에 대한 설명은 너무나도 복잡하고 방대합니다. 게다가 아직도 새로운 연구들이 계속되고 있지요. 그래서 우리는 인지과정 가운데 지각과 기억에 대해 중점적으로 다룰 것입니다. 지각과 기억은 인지과정에서 중요한 단계이기도 하고, 공부와 관련이 깊은 것이기에 심리학을 처음 접하는 이 책의 독자들에게 여러 모로 쓸모가 많을 것이기 때문입니다.

○● 지각의 3단계

다음 페이지의 그림을 보세요. 그림 속의 괴생명체는 토끼일까요, 오리일까요? 길게 돌출된 부분이 귀처럼 보이기도 하고, 기다란 부리처럼 보이기도 합니다. 아무튼 우리가 이 그림을 보고 토끼나 오리 또는 괴생명체라고 이름 붙이는 행위를 지각(perception)이라고 한답니다.

하지만 지각이 한 번에 이루어지는 것은 아닙니다. 그림을 보고 토끼

〈토끼-오리 그림〉

또는 오리라고 이름 붙이기까지 3단계를 거치지요. 바로 감각과정 → 지각조직 → 정체파악이랍니다. 이 3단계를 통해 위의 모호한 그림에는 토끼 또는 오리라는 이름이 붙는 것이죠. 그럼 각 단계를 하나하나 알아볼까요?

```
         ┌ 감각과정(sensation)
         │     ↓
지각     │ 지각조직(perceptual organization)
         │     ↓
         └ 정체파악/알아봄(recognition)
```

우선 감각과정은 감각을 통해 대상을 받아들이는 생리적, 물리적 과정입니다. 시각, 청각, 미각과 같은 물리적 자극 에너지가 뇌에서 인식할 수 있는 신경부호로 변환되는 과정이죠. 쉽게 말하면, 앞의 그림에서 까만 것은 선이고, 하얀 것은 여백이라고 인식하는 것입니다.

다음으로 지각조직은 길게 돌출된 부분을 머리 뒤쪽에 붙은 귀 또는 얼굴 앞쪽에 붙은 부리로 조직해 인식하는 단계입니다. 말하자면, 색상, 가장자리, 선과 같은 단순한 감각적 속성들을 종합해서 지각경험을 만들어내는 것이죠.

지각의 마지막 단계인 정체파악은 '이것은 토끼(혹은 오리)구나' 하고 정체를 파악하는 단계입니다. 쉽게 말해, 이름 붙이는 단계라고 할 수 있죠.

이 가운데 지각조직과 정체파악 단계는 뒤에서 자세히 알아보기로 하고, 여기에서는 지각에 대해 좀더 알아보겠습니다. 지각을 방해하는 것과 지각능력을 키우는 것, 또 지각능력은 타고나는 것인지 아니면 경험을 통해 배우는지 등을 말이죠.

○● 지각을 방해하는 모호한 대상과 착각

지각과정은 언제나 깔끔하고 정확하게 일어나지는 않습니다. 잘못 지각하는 경우도 흔치 않지요. 토끼-오리 그림은 지각과정에서 일어날 수 있는 이 같은 오류를 잘 보여주는 그림입니다. 이 그림을 토끼로 보는 사람도 있고 오리로 보는 사람도 있는 것은 지각조직 혹은 정체파악 단계에서 오는 혼란 때문이에요. 검은 선과 하얀 배경으로 인식하는 감각과정까지는 시신경에 문제가 있지 않은 한 대부분의 사람들이 다르지 않지만, 지각조직과 정체파악의 단계에서 제각기 다른 답을 내놓는 것이죠.

이처럼 같은 그림을 보고도 다른 답을 내놓는 까닭은 토끼-오리 그림처럼 대상이 모호하기 때문이에요. 또는 우리가 착각을 하는 경우에도 다른 답을 내놓죠. 어떨 때는 우리가 주의를 기울이지 않기 때문에 잘못 지각하기도 합니다.

대상이 모호한 경우에 해당하는 다른 예를 들어보겠습니다. 아래의 육면체를 보세요. 이 육면체의 이름은 네커(Necker) 육면체입니다. 이 육면체는 어떻게 보느냐에 따라, 윗면이 드러나 보이기도 하고 밑면이 드러나 보이기도 합니다. 더 쉽게 설명해볼게요. 이 육면체의 한 모서리에 그림에서처럼 별 모양 스티커를 붙였다고 합시다. 그럼 이 스티커는 육면체의 앞쪽 아래 모서리에 붙어 있는 걸까요? 아니면 뒤쪽 아래 모서리에 붙어 있는 걸까요? 보는 사람에 따라, 또 같은 사람이라도 보기에 따라 다른 답을 내어놓을 것입니다. 이처럼 네커 육면체 역시 대상이 모호해서 벌어지는 지각의 모호성을 잘 설명해줍니다.

대상이 모호하기 때문이 아니라 우리가 착각하기 때문에 지각이 어긋나는 예도 있습니다. 옆 페이지의 그림을 보세요. 이 그림의 제목은 에빙하우스 착각(Ebbinghaus Illusion)입니다. 가운데 원이 오른쪽은 크고

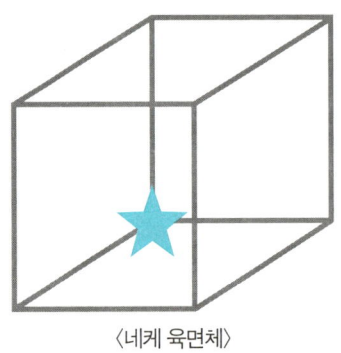

〈네케 육면체〉

왼쪽은 작아 보입니다. 하지만 자로 재보면 두 원의 크기가 같다는 것을 확인할 수 있습니다. 뮐러-라이어(Müller-Lyer) 착각선분도 같은 예입니다. 모두 길이가 달라 보이지만 실제로는 같죠.

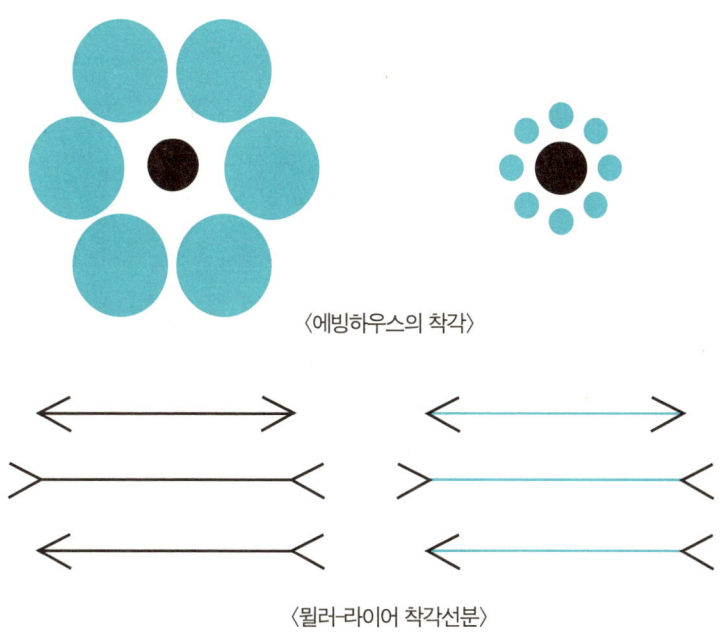

〈에빙하우스의 착각〉

〈뮐러-라이어 착각선분〉

○● 지각능력을 키워주는 주의

모호한 대상이나 착각이 지각을 혼란에 빠뜨린다면, 주의는 지각을 더 강력하게 만들어줍니다. 주의란 우리가 잘 알고 있는 것처럼 특정한 대상을 선택하여 집중하는 상태를 말하죠. 주의가 얼마나 큰 힘을 발휘하는지 보실까요?

어느 새 시간이 흐르고 규현 씨에게 수지 씨는 젊은 날의 아름다운 추억이 된 것 같았어요. 규현 씨의 생활도 일상으로 돌아왔고, 수지 씨를 떠올리는 날보다 한 번도 생각하지 않고 지나가는 날이 더 많아졌지요.

그러던 어느 날, 규현 씨는 친구의 칵테일파티에 초대받았습니다. 넓은 실내에서 삼삼오오 모여 웃고 떠드는 사람들. 그 사람들 틈에 끼여 규현 씨도 오랜만에 보는 친구들과 즐거운 시간을 보냈어요. 실내는 소란스러웠습니다. 음악소리, 잔이 부딪히는 소리, 사람들이 웃고 떠드는 소리가 한데 뒤섞여, 바로 앞에 있는 친구와 이야기할 때에도 귀에다 대고 소리를 질러야 했지요.

그렇게 소리를 지르며 친구와 대화를 하고 있을 때였어요. 규현 씨는 흠칫 놀라며 자신의 귀를 의심했답니다. 귀에 익숙한 목소리, 마음속 깊은 곳에서는 단 하루도 잊은 적이 없었던 목소리가 갑자기 들려왔거든요. 규현 씨는 소리가 나는 쪽으로 돌아보았어요. 이제 막 도착한 듯, 아직 외투를 걸친 채 문 앞에 서서 친구들과 인사를 나누는 수지 씨가 보이네요. 규현 씨는 순식간에 돌덩이가 되어버린 듯했습니다. 몸을 움직일 수도 없었습니다. 생각을 할 수도 없었지요.

그런데 참 이상한 일입니다. 이 시끄러운 곳에서 수지 씨의 목소리는 어떻게 들린 걸까요? 이제 잊었다고 생각했는데……. 저 목소리가 어떻게? 규현 씨는 손에 들고 있던 칵테일을 한 번에 입속에 털어넣었습니다.

많은 사람들이 모여 웃고 떠들며 이야기하는 칵테일파티처럼 시끄러운 환경에서도 주의를 끌 만한 말은 알아듣는 현상을 칵테일파티 현상이라고 합니다. 규현 씨의 경우처럼 아무리 시끄러워도 사랑하는 사람의 목소리를 알아듣기도 하고, 누군가가 자신의 이름을 입에 올리면 바로 알아듣기도 하죠. 칵테일파티 현상은 주의와 관련된 지각과정을 쉽게 설명하는 예입니다.

또 칵테일파티 현상은 사람들이 관심 있거나 잘 아는 것에 대해서는 무의식적으로 지각하게 된다는 것을 보여줍니다. 재미없는 수업시간에 꾸벅꾸벅 졸다가도 선생님의 입에서 아이돌 스타의 이름이 나오면 저도 모르게 눈이 번쩍 뜨이는 것도 같은 이치죠.

이와는 반대로 매일 보는 것이라고 할지라도 주의를 기울일 기회를 얻지 못하면 지각하지 못하는 경우도 있습니다. 방의 벽지 무늬나 친구 얼굴에 있는 점의 위치 같은 것들은 주의를 집중할 것을 강요받지 않으면 거의 지각하지 못하고 지나가지요.

지금 이 순간 누군가 여러분에게 친구 얼굴의 점이 오른쪽 뺨에 있는지 왼쪽 뺨에 있는지 물어본다면, 또 벽지에 그려진 꽃잎의 색깔이 파란색인지 보라색인지 물어보면 당황하지 않고 바로 대답할 수 있는 사람이 얼마나 있을까요? 셜록 홈스나 명탐정 코난 같은 사람들은 제외하고 말이죠.

○● 지각능력은 타고나는 걸까?

지각이 3단계에 걸쳐 일어나고, 모호한 대상이나 우리의 착각 혹은 주의에 따라 왜곡되기도 하고 더 강해지기도 한다는 것을 알았습니다. 하지만 우리는 지각과정에 아무런 오류가 없을 때에는 지각이 어떻게 일어나는지 별 관심을 갖지 않습니다. 착각이나 모호한 대상 등에 의해 방해받을 때에야 대체 '어떤 방식'으로 지각과정이 일어나는지 생각하게 되지요.

그렇다면 지각하는 방식은 인간이 태어날 때부터 가지고 태어나는 것일까요, 아니면 경험을 통해 점차로 배우는 것일까요? 이것은 지각 과정뿐만 아니라 우리의 모든 육체적 정신적 활동에 대해 던지는 가장 기본적인 질문이에요. 그러고 보면 참 아리송한 문제이지요.

이 질문에 대해 연구한 사람들이 있고, 그들이 내놓은 대답은 크게 3가지로 나뉩니다. 지각이 추론에 의해 일어난다고 보는 헬름홀츠의 '고전적 이론', 선천적인 구조에 의해 이루어진다는 독일의 '형태주의 이론', 그리고 환경의 중요성을 강조한 깁슨의 '생태적 광학이론'이지요.

우선 고전적 이론의 기반을 마련한 헤르만 헬름홀츠(Herman von Helmholtz, 1821~1894년)는 지각에 있어서 경험의 중요성을 강조합니다. 인간은 이전의 경험에 비추어 새로 들어오는 지각 자극에 대해 추론을 한다는 것이죠. '자라 보고 놀란 가슴 솥뚜껑 보고 놀란다'는 여기에 딱 맞는 속담입니다. 자라 보고 놀란 경험이 솥뚜껑을 지각할 때 영향을 미친다는 거죠. 또 태어나서 한 번도 설인(히말라야 산악지대에 산다고 전해지는 신화적 괴물)을 본 적이 없는 사람은, 숲에서 나무 사이로 지나가는 설인을 보더라도 자신의 경험이나 지식에 비추어 큰곰이라고 생각할 가능성이 높다는 것입니다.

헬름홀츠의 이 같은 주장은 경험을 통해 감각경험을 해석하는 방식을 배운다는 고전적 이론의 바탕이 됩니다. 물론 이때 해석은 지각경험에 대한 우리의 추측인 것이죠. 이 과정은 우리가 의식하지 못하는 사이에 전개되기 때문에 무의식적 추론(unconscious inference)이라고 합니다.

반대로 형태주의 심리학자들은 지각과정은 경험이나 배움에 의해서가 아니라 선천적인 구조에 따른다고 주장합니다. 그래서 이것을 형태주의 이론(또는 게슈탈트 심리학 Gestalt psychology)이라고 합니다. 볼프강 쾰러(Wolfgang Kühler, 1887~1967년)와 같은 형태주의 심리학자들은 심리적 현상을 이해하기 위해서는 조직화되고 구조화된 '전체'로 보아야 한다고 주장했습니다. 현상을 분석하고 또 분석해서 요소로 볼 것이 아니라, 전체로 보아야 한다고 말이죠.

전체는 단지 부분들을 모아놓은 것만으로는 설명할 수 없다는 형태주의자들의 명제, "전체는 부분의 합 이상이다"는 인지심리학뿐 아니라 상담심리학에도 큰 영향을 주었습니다. 지각에 대한 형태주의의 설명은, 지각조직과 정체파악 파트에서 자세히 다룰 것입니다. 여기에서는 이것만 기억하기로 해요. 형태주의 심리학자들은 우리의 지각경험이 전체적이라고 보았는데, 그 까닭은 우리의 뇌가 그런 식으로 지각경험을 조직하도록 '타고났기' 때문이라는 거죠. 감각 정보를 전체로서 조직하는 것이 가장 경제적인 방식이기 때문에, 뇌에서 그렇게 처리한다는 것입니다.

지각에 대한 세 번째 접근법인 깁슨(Eleanor James Gibson, 1910~2002년)의 생태적 광학이론에서 핵심단어는 환경입니다. "여러분의 머릿속에 있는 것이 무엇인지를 묻지 말고, 여러분의 머리가 무엇 속에 있는지를 물어 보라." 이 말은 깁슨의 접근법을 잘 말해주는 것으로, 환경의 중요성을 강조한 말이지요.

깁슨은 지각을 환경에 대한 적극적인 탐색으로 보았습니다. 그렇기 때문에 지각체계라는 것은 사람과 같이 복잡한 환경 속에서 살아가려고 능동적으로 대처하는 유기체한테서만 진화했다고 생각했습니다. 좀 더 자세히 알아볼까요?

깁슨은 지각 중에서도 특히 광학, 즉 빛과 같은 시각적 정보를 받아들이는 시각을 통해 이를 설명했습니다. 우리가 환경 속에서 움직이면 망막으로 들어오는 자극의 형태는 시간과 공간에 걸쳐 계속해서 변합니다. 하지만 우리는 시시각각 변하는 감각 정보의 '변하지 않는' 속성을 즉각적으로 포착해냅니다. 헬름홀츠가 주장한 것처럼 추론 같은 복잡한 과정을 거치는 것이 아니라, 즉각적으로 포착한다는 것이죠.

대상의 크기와 모양은 우리가 보는 각도나 거리에 따라 변합니다. 그런 변화는 무작위로 일어나지 않고 거리와 각도에 따라 정해진 비율대로 체계적으로 일어나지요. 멀리 있어서 개미만하게 보이는 매머드도 실제로 크기가 개미만하게 줄거나 우리 눈이 마음대로 줄여서 보는 것은 아닙니다. 매머드는 집채만한 크기라는 변하지 않는 속성을 가지고 있고, 우리 인간 역시 보이는 것에 속지 않고 그 속성을 지각하지요.

깁슨은 인간이 '변하지 않는' 속성을 지각하는 능력을 가진 것은 생존과 직결되는 환경에서 진화했기 때문이라고 설명합니다. 음식을 찾고 적과 싸우며 생존해야 하는 환경에서 살아왔기 때문에, 우리의 감각기관이 이런 변하지 않는 속성을 탐지하도록 조준되어 있다는 것이죠. 그래서 개미만큼 작게 보이는 매머드를 발견한 사냥꾼은 매머드가 실제로 얼마나 큰지 얼마나 멀리 떨어져 있는지 가늠하고, 그에 따라 사냥을 준비하게 되는 것입니다.

PART 02 : 지각조직

풀을 잃어버린 심리학자

○● 지각조직이란?

지각의 3단계, 기억하시나요? '감각과정 → 지각조직 → 정체파악'이었지요. 여기에서는 이 가운데 두 번째 단계인 지각조직에 대해 알아보겠습니다.

규현 씨를 치료해주던 이 박사님께서 교통사고를 당했습니다. 다행히 생명에는 지장이 없으나 뇌손상을 입었다고 해요. 그나마 불행 중 다행인 것은, 손상된 것은 일부분일 뿐이고 언어와 관련된 부분은 멀쩡하다는 거예요.

사고 이후 박사님이 지각하는 세상은 우리가 지각하는 세상과 많이 달랐습니다. 뇌손상은 그의 지각능력 가운데 어떤 특정 능력을 파괴한 것이 분명했습니다. 어떤 사람이 노래하는 것을 볼 때, 박사님에게는 그 사람의 노랫소리와 노래 부르는 입이

각각 별개의 것으로 느껴졌습니다. 또 다른 색깔의 스웨터와 바지를 입고 있는 사람을 볼 때는, 그 사람의 몸이 스웨터와 바지, 신발로 나뉘어 각자 같은 방향으로 움직이는 조각들로 보였어요. 그 조각들을 모두 이어 붙여 온전한 한 사람으로 만들려면 풀이라도 있어야 할 것 같았죠. 이 때문에 사람들은 박사님을 '풀을 잃어버린 심리학자'라고 불렀습니다.

그와는 반대로 같은 색깔의 옷을 입은 사람들이 거리 곳곳을 걷고 있는 것을 보면, 박사님의 눈에는 그들이 모두 한 사람으로 보이기도 했습니다. 이걸 어쩌죠? 박사님의 빠른 쾌유를 기원합니다.

이 박사님은 지각과정 중에서도 특별히 지각조직 능력을 잃어버린 경우입니다. 박사님이 잃어버린 '풀'은 감각속성을 종합하여 '(하나의) 대상을 조직하는 능력'인 것이죠. 지각과정 중에서도 지각조직에 문제

풀을 잃어버린 심리학자

풀을 잃어버린 심리학자 이야기는 ≪아내를 모자로 착각한 남자(The Man Who Mistook His Wife for a Hat: and other clinical Tale, 1985)≫라는 책의 내용을 조금 손본 것입니다. 이 책은 신경정신학의 임상사례를 문학으로 승화시킨 작품입니다. 저자 올리버 삭스(Oliver W. Sacks)는, 우리는 단순히 정보들을 지각하는 데만 그치지 않고 우리 자신에 대한 생각, 인지, 태도, 나아가 자신의 존재까지 변형시킬 만한 힘을 가졌다고 역설해요. 그 이유에 대해서는 이렇게 말했지요.
"만약에 우리가 다리나 눈을 잃으면 우리는 다리가 없고 눈이 없다는 사실을 의식한다. 그러나 우리 자신을 잃어버리면 그 사실 자체를 알지 못한다. 그것을 깨달을 자신이라는 존재가 없어졌기 때문이다."

지각조직 능력에 문제가 생기면 세상이 어떻게 보일까요? '풀을 잃어버린 심리학자'처럼 사람의 몸이 상의, 하의, 신발 등으로 나뉘어 각자 같은 방향으로 움직이는 조각들로 보일 거예요.

가 생긴 이 박사님의 예는, 지각과정이 별개의 단계들로 이루어져 있고 각각의 단계를 거쳐 완성된다는 것을 보여줍니다.

아무튼 지각조직은 수천 수만 개의 감각정보를 조합해서 정돈된 세상으로 지각하는 과정입니다. 그렇다면 지각조직은 어떻게 일어나는지, 지각조직을 이해하는 몇 가지 원리를 통해 알아보겠습니다.

○● 없는 것도 보여주는 완결

다음 페이지의 그림을 볼까요? 무엇이 보이나요? 이 그림을 보고 '45도 각도의 선분 세 쌍과 '이 빠진 검은 원 세 쌍'

이라고 말하는 사람은 없을 겁니다. 아마도 대부분의 사람들은 '위아래로 엇갈려 있는 두 개의 삼각형과 거꾸로 놓인 삼각형에 부분적으로 가려진 세 개의 동그라미'라고 말할 것입니다. 그런데 정말 우리가 본 것이 맞을까요?

  삼각형을 원래의 정의대로 '세 개의 선분으로 이뤄진 도형'이라고 한다면, 사실 이 그림 속에는 삼각형이 하나도 없습니다. 다시 한 번 보세요. 정말 그렇죠? 거꾸로 놓인 것처럼 보이는 위의 삼각형은 사실 여백일 뿐입니다. 이빨 빠진 동그라미와 같은 요소들이 삼각형으로 보이게 할 뿐이지요. 이처럼 다른 요소들에 의해 어떤 대상에 대한 지각조직이 이루어지는 원리를 완결(closure, 또는 닫힘)이라고 합니다. 위의 그림에서는 마치 조각을 잘라낸 파이처럼 보이는 세 개의 동그라미를 통해 여백을 완전한 삼각형으로 인식하게 되는 것을 가리키지요. 실제로는 존재하지 않는 선분을 동그라미가 제공한 모서리에 이어 붙여 불완전한 모형을 완전한 모형으로 완성하는 것입니다.

  이처럼 우리는 완벽한 윤곽선 없이도 도형을 지각하는 데 아무 문제가 없습니다. 빠져 있는 윤곽의 일부를 채워 도형으로 지각하니까요. 완결되지 않은 형태를 완결된 형태로 지각하는 거죠.

지각조직의 원리로서 완결은, 우리가 감각을 통해 얻는 정보들을 각각의 요소가 아니라 그것들이 어우러진 전체로 지각하게 합니다. 이것은 우리가 사물을 볼 때 전체적으로 지각한다는 형태주의 심리학자들의 주장을 뒷받침하지요.

형태주의 심리학자들은 우리가 그림을 볼 때도 전체적으로 지각하려는 경향을 보인다고 설명합니다. 그림의 여러 요소들을 제각각 보지 않고, 앞으로 튀어나와 하나의 물체처럼 보이는 전경(figure)과 전경이 눈에 띄도록 뒤에서 떠받쳐주는 배경(ground)으로 설정해 전체적으로 본다는 것예요. 위의 그림에서 우리는 선분으로 이뤄진 세 개의 불완전한 삼각형을 배경으로, 온전한 선분이 하나도 없는 여백을 전경으로 인식했죠.

○● 지각적 집단화

지각조직을 이해하는 두 번째 원리는 지각적 집단화입니다. 집단화란 말 그대로 집단으로 조직한다는 뜻이에요. 그렇다면 지각적 집단화는 집단으로 조직해서 지각한다는 뜻이겠죠? 앞서 살펴본 완결에서처럼 하나의 그림으로 된 것이 아니라 여러 자극이 동시에 제시될 때, 이를 집단화해서 지각하는 현상이 바로 지각적 집단화입니다. 이것을 좀 더 자세히 나누면 '유사성의 원리'와 '인접성의 원리'로 설명할 수 있습니다.

지각적 집단화가 어떻게 이루어지는지는 형태주의 심리학자인 막스 베르트하이머(Max Wertheimer, 1880~1943년)의 실험이 아주 잘 보여줍니다. 실험은 간단했습니다. 아래 그림처럼 간단한 도형들의 나열에서 한 가지 요인씩을 바꾼 다음, 그림이 지각되는 방식을 검토하는 것이었죠.

그림에서 B는 A의 사각형 중 일부를 윤곽만 두고 흰색으로 바꾼 것입니다. B를 보는 사람들은 흰색으로 칠해진 사각형들 사이의 유사성을 보기 때문에, 그들을 묶어서 지각합니다. 그래서 하얀 십자 모형을 보게 되지요. 이렇게 지각경험을 조직화하는 데 유사성이 작용하는 것을 유사성의 원리라고 하고, '모든 조건이 같으면 가장 유사한 요소끼리 묶인다'고 정의한답니다.

한편 C를 보는 사람은 네 묶음으로 나뉘어 있는 사각형들을 보게 됩니다. A보다 사각형들 사이의 간격이 좁아지면서 가까운 사각형들끼리 묶는 것이 자연스러워졌기 때문이죠. C에서 우리는 인접성을 보기 때문에 사각형들을 묶어서 지각하는 것입니다. 이처럼 지각경험을 조

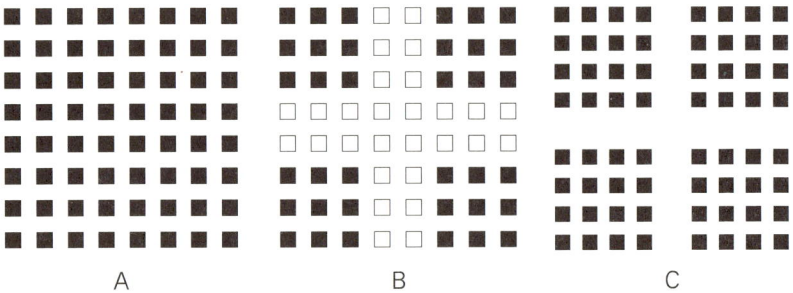

A　　　　　　　B　　　　　　　C

직화하는 데 인접성이 작용하는 것을 인접성의 원리라고 하고, '모든 조건이 동일하면 가장 가까운 요소끼리 묶인다'로 정의하죠.

이 두 원리는 전체에 대한 지각경험은 '부분에 대한 지각경험의 단순한 합 이상'이라는 형태주의자들의 생각을 잘 뒷받침하고 있습니다.

○● 조건이 바뀌어도 바뀌지 않는 것

감각적 속성들을 종합해서 지각경험을 만들어내는 지각조직을 이해할 때 빼놓을 수 없는 것이 지각항등성의 원리입니다. 이것은 다른 것들에 비해 일상생활에서 더 많이 실감할 수 있는 지각원리로, 자극 조건이 바뀌어도 대상의 속성(크기, 모양, 색채 등)은 바뀌지 않고 일정한 것으로 지각되는 현상을 가리킵니다. 감각에 주어지는 자극이 변해도 우리가 세상을 변하지 않는 안정적인 것으로 지각하는 것은, 바로 이 지각항등성의 원리 때문이죠. 지각항등성에는 '크기항등성'과 '모양항등성', '밝기항등성' 등이 있답니다.

먼저 크기항등성. 이것은 말 그대로 항상 같은 크기로 지각한다는 말입니다. 우리 망막에 투사된 상의 크기가 변해도 우리는 그 물체의 실제 크기를 지각한다는 거죠.

그런데 크기는 거리와 깊은 관련이 있습니다. 같은 물체라 해도 보는 사람과 물체 사이의 거리에 따라 물체의 크기는 달라 보이지요. 가까이 있는 건 크게, 멀리 있는 건 작게 보입니다. 하지만 우리는 거리 정보와 망막에 맺히는 상의 크기에 대한 정보를 조합해서 물체의 크기를 지각하기 때문에, 지각된 크기는 물체의 실제 크기와 일치합니다. 이것이 바로 크기항등성 원리랍니다.

여기서 잠깐, 우리가 크기를 지각하는 데 거리는 얼마나 큰 영향을 미치는 걸까요? 이것을 설명하기 전에 먼저, 우리가 거리를 어떻게 지각하는지 알아둘 필요가 있습니다. 우리는 두 눈에 각각 맺히는 상의 차이를 계산해 물체와 우리 사이의 거리를 지각합니다. 이렇게 거리를 지각하는 것을 깊이지각이라고 해요.

자, 이제 다음 사진을 보시죠. 두 아이의 키가 비정상적으로 차이나 보이죠? 컴퓨터 그래픽을 이용한 눈속임은 아닙니다. 그렇다면 한 아이는 거인처럼 보이고 다른 아이는 소인처럼 보이는 까닭은 무엇일까요? 비밀은 방에 있습니다.

두 아이가 서 있는 방은 에임즈 방(Ames room)이라고 부르는 착각의

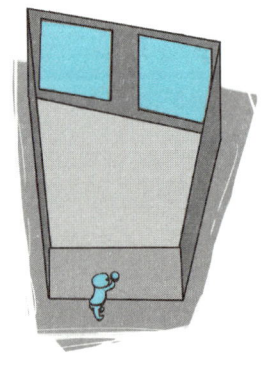

방입니다. 보는 사람이 대상까지의 거리를 잘못 계산하도록 고안해 대상의 크기를 착각하도록 만든 방이죠. 이 방에 설치된 착각장치는 두 개입니다.

첫 번째 장치는 방의 모양이에요. 반듯한 사각형의 방처럼 보이지만 실제로는 바닥과 천장이 한쪽으로 크게 기울어져, 왼쪽 벽이 오른쪽 벽보다 두 배는 더 긴 방이지요. 두 번째 장치는 관찰자가 정해진 구멍을 통해서 그것도 한쪽 눈으로만 방 안을 들여다보게 되어 있다는 것이에요. 이렇게 하면 그림과 같은 착각이 극대화된답니다. 이것은 거리를 지각하는 데에는 두 개의 눈이 필요하다는 사실을 이용한 장치죠.

방의 모양이 왜곡되어 있는데다가 한 눈으로만 들여다보게 해놓아 거리를 계산할 수 없게 만든 에임즈의 방은, 크기항등성을 뒷받침하는 '깊이지각'의 중요성을 말해줍니다.

모양항등성은 이해하기 좀 더 쉽습니다. 동전을 예로 들어보겠습니다. 동전은 보는 각도에 따라 모양이 다릅니다. 앞면이나 뒷면을 바로 보면 원, 기울여보면 타원, 옆으로 세워보면 직사각형 등으로 다르게 보입니다. 하지만 우리는 동전을 동그랗고 납작한 모양으로 지각하지요. 이렇게 물체를 다른 각도에서 보아도 그 물체의 모양에 대한 지각은 일정하게 유지된다는 것이 바로 모양항등성입니다. 물론 동전을 본 적이 없는 사람에게는 동전에 대한 모양항등성은 적용되지 않겠지요. 다른 지각항등성과 마찬가지로 모양항등성 역시 경험과 기억의 영향을 받는답니다.

마지막은 밝기항등성입니다. 이것은 창문 너머로 햇빛이 내려쬐는 방바닥으로 설명할 수 있습니다. 창살의 그림자 때문에 방바닥의 어떤 부분은 더 어둡고 어떤 부분은 더 밝게 보이지만, 우리는 실제 방바닥의 밝기를 알고 있습니다. 그러니까 밝기항등성이란 빛의 강도가 바뀌어도 대상의 밝기를 일정하게 지각하는 것을 의미합니다.

지금까지 우리는 감각적 속성들을 종합해서 지각경험을 만들어내는 지각조직이 어떻게 이루어지는지 살펴보았습니다. 간단하게 정리하면, 다른 요소들에 의해 어떤 대상에 대한 지각조직이 이루어지기도 하고(완결), 모든 조건이 같으면 가장 가까운 요소나 가장 유사한 요소끼리 묶어서 지각을 조직하기 하죠(지각적 집단화). 또 자극 조건이 바뀌어도 대상의 속성은 일정한 것으로 지각하기도 합니다(지각항등성의 원리).
그렇다면 지각의 3단계 가운데 마지막 단계인 정체파악(인식)은 어떻게 이루어질까요?

PART 03 : 정체파악

이제 이름을 붙일 차례

○● 정체파악이란?

　　　　　　머리 위에 기다란 두 귀가 붙어 있고 눈이 빨갛고 앞니 두 개가 도드라진 동물이 있습니다. 그 동물을 보고 서술한 것처럼 지각조직이 이뤄졌다고 하더라도, '토끼'라는 이름을 붙이지 못한다면 낭패가 아닐 수 없습니다. 이 동물을 어떻게 키워야 할지, 고기를 줄지, 풀을 줄지, 집을 지키게 할지, 털을 깎아서 쓸지 알 수 없을 테니까요. 기다란 두 귀, 빨간 눈, 튀어나온 앞니를 가진 동물을 '토끼'라고 이름 붙이는 행위가 바로 정체파악입니다. 이것은 다르게 말해 지각경험에 '의미'를 부여하는 것이라고 할 수 있지요.

　그렇다면 정체파악은 어떻게 이루어지고, 어떤 것들이 정체파악에 영향을 미치는지 알아볼까요?

○● 위로 파악하고 아래로 파악하는 정체

정체파악의 과정은 위·아래 두 방향으로 이루어집니다. 위로 처리되는 것은 상향처리(bottom-up processing), 아래로 향하는 것은 하향처리(top-down processing)라고 하지요.

상향처리는 경험에서 수집한 자료를 근거로 대상을 추상화해서 개념을 만드는 것입니다. 기다란 두 귀, 털, 새끼를 낳고 양육하는 방식, 먹이 등의 자료에 근거해 그에 걸맞은 이름을 창작해내는 것이지요. 주어진 자료로 정보를 처리하므로, '자료주도적 처리'라고도 한답니다.

그렇다면 하향처리는 자료가 아니라 개념이 먼저인 정보파악을 말하는 것이겠죠? 맞습니다. 하향처리는 우리가 이미 알고 있는 개념에 근거해 대상을 처리합니다. 말하자면 이미 알고 있는 토끼라는 개념에 근거해 기다란 두 귀와 튀어나온 앞니를 가진 포유동물의 정체를 파악하는 것이 하향처리이죠. 토끼류의 동물들에 대한 개념에 근거해 집토끼 또는 산토끼라고 파악하는 것도 이에 해당합니다. 다른 말로 '개념주도적 처리'라고 하죠.

○● 맥락효과와 기대효과

지각의 마지막 단계인 정체파악을 통해 우리는 이제 물체에 이름을 붙이게 되었습니다. 하지만 그게 정말 그 물체의 이름이 맞을까요? 혹시 정체를 잘못 파악한 것은 아닐까요?

아래 단어를 보세요. 여러분은 이 단어를 보고 뭐라고 읽었나요? 아마도 '더 캣(THE CAT)'이라고 읽었을 거예요. 그런데 이 단어는 정말 '더 캣'일까요?

자세히 살펴보세요. 윗줄의 T와 E 사이의 문자와 아랫줄의 C와 T 사이의 문자는 같은 모양이에요. 그런데도 우리는 위의 문자는 H로 읽고 아래의 문자는 A로 읽습니다. 왜 그런 걸까요? 여기에 영향을 미친 것이 바로 맥락효과입니다. THE와 CAT이라는 영어 단어에 대한 우리의 지식이 정보처리에 영향을 주면서, 맥락상 위의 문자는 H로 아래의 문자는 A로 파악하게 만든 것이지요.

정리하자면, 맥락효과는 대상이 경험되는 맥락에 근거해 대상을 해석하는 것으로, 일종의 하향처리라고 할 수 있습니다.

맥락효과와 함께 기대효과 역시 정체파악에 영향을 미칩니다. 기대효과는 맥락효과와 관련이 있습니다. 맥락은 특정한 결과를 '기대'하게 만들기 때문에, 맥락효과에서 파급되어 나오는 것이 기대효과라고 할

TAE
CAT

수 있어요. 앞의 단어를 '더 캣'으로 읽는 것은 맥락에 의한 기대에 '부응'한 결과이지요.

정체파악에서 말하는 기대효과는 우리가 일반적으로 사용하는 기대효과와는 조금 다른 점이 있습니다. 일반적인 기대효과는 능력과 관련해 높은 성취를 이룰 것이라고 기대하면 이에 부응하는 결과가 따라온다는 것이지요. 정체파악의 기대효과 역시 특정 결과를 기대한다는 점에서는 같지만, 성취나 능력에 대한 기대가 아니라는 점에서 다르다고 할 수 있습니다.

맥락효과와 기대효과에 영향을 받으면서 상향 혹은 하향으로 정보를 처리하는 것으로 정체파악의 과정은 끝납니다. 그리고 이와 동시에 지각의 과정이 완료되지요. 세상에 대한 이해와 이해를 통한 응용은 지각과정이 완료되어야 가능해진답니다.

PART 04 : 기억과 망각

기억하는 것과 잊어버리는 것

○● 기억하는 데 걸리는 시간

이 장의 맨 처음에 우리는 인지과정이 어떻게 이루어지는지 알아보았습니다. '지각 → 심상 → 문제해결 → 기억 → 사고'를 거쳐 이루어지지요. 그리고 지금까지 우리는 이 인지과정 가운데 지각이 무엇인지, 지각은 어떻게 이뤄지는지 알아보았습니다. 이번에는 기억에 대해 알아볼 차례입니다.

인간의 인지능력을 탐구하는 데 있어 지각만큼이나 중요한 것이 바로 기억입니다. 지각은 세상을 살아가면서 만나는 무수한 정보를 처리하는 과정이라면, 기억은 처리된 '정보를 가지고 있다가 필요할 때 꺼내어 쓰는 활동'이랍니다.

기억은 마치 은행계좌에 돈을 넣어두었다가 필요할 때 인출해서 쓰는 것처럼 '정보를 저장하고 인출하는 능력'이라고 할 수 있습니다. 그런데 은행에 넣어두는 돈과 달리 정보는 넣는 것이 쉽지 않습니다. 노력을 기울여야 하는 것은 둘째 치고, 시간도 만만찮게 걸리죠. 도대체 정보를 기억하는 데 시간이 얼마나 걸리는 걸까요? 또 그 시간을 줄일 수는 없을까요?

이런 질문에 답하기 위해, 1885년에 독일의 심리학자인 헤르만 에빙하우스(Hermann Ebbinghaus, 1850~1909년)는 기억을 수량화하는 방법을 고안해냈습니다.

에빙하우스는 우선 무의미한 철자로만 이뤄진 단어 목록을 여러 개 만들었습니다. 예를 들면, CEG나 BAJ처럼 아무 뜻도 없는 철자로 이루어진 단어들의 목록이죠. BAG이나 DOG와 같은 의미 있는 단어들은 이미 학습되어 있거나 또는 의미를 통한 연상이 가능하기 때문에 순수하게 기억을 측정하는 데는 맞지 않기 때문이죠. 그리고 목록은 짧은 것도 있고 긴 것도 있었어요.

목록들이 완성되면, 목록 가운데 하나를 골라 거기 있는 단어들을 처음부터 끝까지 하나하나 기계적으로 반복해서 읽는 방식으로 암기합니다. 목록에 있는 단어들을 순서도 틀리지 않고 정확하게 암기하면 마지막으로 그 목록을 한번 죽 읽은 다음, 다른 목록을 외우기 시작합니다.

이때 주의할 점은 하나의 목록을 외운 뒤 멈추지 않고 곧바로 다른 목록으로 넘어가야 한다는 것입니다. 먼저 외운 목록과 나중에 외운 목록이 같은 조건으로 암기되도록 하기 위해서죠. 목록과 목록 사이에 시간을 주면 먼저 외운 목록을 되새기게 될 것이고, 그러면 먼저 암기한 목록일수록 더 잘 기억하게 될 테니까요. 이 점에 대해서는 나중에 더 자세히 알아볼게요.

그리고 에빙하우스의 방법에서 가장 중요한 것, 이렇게 무의미한 단어들의 목록들을 외우는 데 걸린 시간을 각각 측정합니다. 그리고 모든 목록의 암기가 끝나면 처음의 목록으로 돌아가 다시 암기합니다. 물론 이때도 시간을 측정하지요.

그런 다음에는 각각의 목록들을 처음 외웠을 때와 나중에 외웠을 때 걸리는 시간이 어떻게 바뀌는지 비교해봅니다. 결과는? 처음 외웠을 때보다 그 다음이 더 적은 시간이 걸린다는 것입니다. 반복할수록 시간이 절약된다는 것이죠.

○○ 잊어버리는 데 걸리는 시간

그렇다면 기억은 얼마나 오래 유지될까요? 달리 말해, 우리는 얼마나 빨리 잊어버리게 될까요? 여기에 대한 에빙하우스의 답이 바로 그 유명한 에빙하우스 망각곡선입니다.

기억이 어떻게 감소하는지 측정하기 위해 에빙하우스는 1일, 2일, 3일, 4일, 5일 후에 암기한 단어목록들을 얼마나 기억하고 있는지 확인했습니다. 그런 다음에는 10일과 15일 후(5일 간격) 확인하고, 그 후에는 20일과 30일 후(10일 간격)에 다시 단어목록을 떠올려보았습니다. 그 결과, 처음 5일간은 기억이 급격한 속도로 감퇴되었고, 5일이 지난 후 30일까지는 시간이 많이 흘렀지만 암기하고 있는 단어의 숫자가 거의 줄어들지 않고 일정하게 유지되었습니다. 에빙하우스 망각곡선은 이 결과를 그래프로 나타낸 것입니다. 기억의 감소율을 나타내는 그래프이지요.

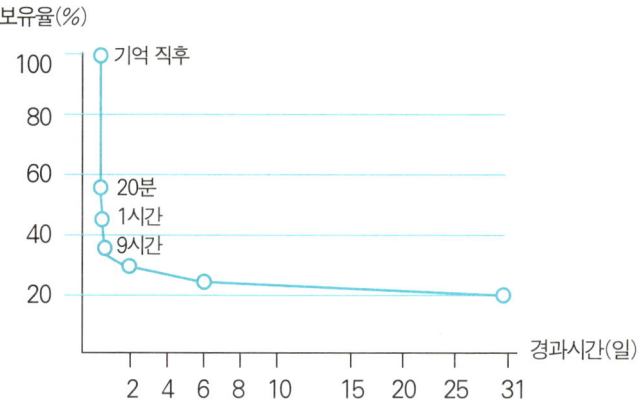

망각곡선을 보면, 벼락치기로 공부한 내용이 답안지 회수와 동시에 대부분 머릿속에서 날아가 버리는 이유를 알 만합니다. 시험기간이 끝날 때쯤에는 거의 아무것도 기억나지 않고, 몇몇 단편적인 지식만이 남는 이유도 알 것 같군요. 복잡하고 어려운 내용들은 죄다 잊어버리고, 몇몇 핵심개념들만 몇 달이 가고 해가 바뀌어도 계속 기억할 뿐이죠. 이것이 바로 에빙하우스가 만든 망각곡선의 중심내용입니다. 수업이 끝나면 바로 복습하라는 말도 바로 여기에 근거를 두고 있지요. 이에 대해서는 차차 알아보도록 하겠습니다.

아무튼 에빙하우스 망각곡선은 기억에 대한, 나아가 오래 기억하는 방법에 대한 연구를 불러왔답니다.

○● 기억의 단계

에빙하우스에 이어 기억에 대해 연구한 많은 연구자들은 기억에는 여러 단계가 있다는 것을 밝혀냈습니다.

그 첫 단계는 감각기억(sensory memory)입니다. 앞에서 알아본 지각과정에서 시각이나 청각으로 들어온 지각의 대상들은 아주 짧은 시간 동안 감각기억이 되어 우리에게 남습니다.

얼마나 짧은 시간이냐고요? 감각기억 가운데 눈으로 들어온 영상을 기억하는 영상기억은 약 0.5초 유지된다고 해요. 귀로 들은 소리에 대한 기억은 반향기억이라고 하는데, 이것은 영상보다는 조금 더 길게 약 5~10초 유지된답니다. 하지만 길다고 더 낫다고 할 수는 없어요. 반향기억은 뒤이어 다른 정보가 들려오면 앞서 들은 정보는 금방 새로운 정보로 바뀌고 마니까요.

우리 기억이 죄다 감각기억이라면 정말 곤란하겠군요. 이렇게 짧게 유지되는 기억에 의존해 살아가는 일은 상당히 힘들 거예요. 기억을 10분 이상 지속시키지 못하는 단기 기억상실증 환자가 된 영화 〈메멘토(Memento)〉의 주인공처럼 살아가게 될지도 모르죠.

다행히 감각정보들이 모두 감각기억으로 우리에게 잠깐 머물다가는 것은 아닙니다. 감각기관을 통해 지각된 정보들은 부호화(encoding)과정을 거쳐 단기기억이나 장기기억으로 저장됩니다.

부호화는 청각, 시각, 촉각 등 감각을 통해 들어오는 정보를 저장하기 위한 처리과정을 말합니다. 정보를 기억하기 좋게 의미 있는 것으로 만들거나 기존의 정보와 연결하고 결합하는 과정이지요. 예를 들어볼까요? 한자 '문(門)' 자를 암기한다고 합시다. 여러분은 문(門) 자가 옛날의 사립문 모양을 따서 만들어졌다는 사실을 알게 됩니다. 그래서 이 글자를 외울 때, 사립문의 형태와 특징들을 머릿속에 떠올리면 쉽게 외우게 되지요.

이렇게 대상의 특징들을 머릿속에서 떠올릴 수 있게 심상으로 만들어내는 것을 '부호화'라고 합니다. 부호화의 과정을 거치면서 기억은 일단 단기기억으로 저장되지요.

대상 —지각→ 감각기억 —부호화→ 단기기억

○● 단기기억

단기기억(short term memory)이란 말 그대로 짧은 기간 동안 우리에게 머물러 있는 기억을 말합니다. 한자가 적힌 책을 여러 장 외워야 한다고 가정해봅시다. 첫 장에서 문(門) 자를 외우고 뒷장으로 넘어가 계속 공부했습니다. 잠시 후, 함께 공부하던 친구가 문(門) 자를 써보라고 합니다. 분명 외웠는데 기억이 잘 안 납니다. 이 경우, 문(門)이라는 글자는 단기기억으로 저장되었다고 할 수 있습니다.

기억되는 기간이 짧다는 것 외에도 단기기억에는 용량이 제한되어 있다는 특징이 있습니다. 이것을 확인하는 방법은 간단합니다. 에빙하우스의 실험에서처럼 무의미한 알파벳으로 이루어진 단어를 여러 개 나열한 뒤, 한 번만 읽고 기억하는 단어를 써보라고 하는 것입니다. 그러면 대부분의 사람들은 2개에서 4개밖에 쓰지 못했다고 해요. 소리 내어 읽었을 때는 반향기억의 도움을 받기 때문에 그보다 많은 7개 내외를 기억했고요.

○● 묶고 되뇌어라, 그러면 기억할 것이니

그렇다면 빨리 사라져버리는 단기기억을 보다 효율적으로 이용할 방법은 없을까요? 단기기억의 기억 기간과 용량을 늘리는 방법 말이에요. 있습니다. 바로 되뇌기와 청킹이지요.

먼저 되뇌기(rehearsal). 에빙하우스의 망각곡선에서 보듯이 대부분의 정보들은 오래 기억되지 않습니다. 따라서 적절히 반복해줄 필요가 있지요. 잊어버릴 만하면, 아니 잊기 전에 다시 되뇌는 것입니다.

수정이는 방학을 맞아 청소년 문학캠프에 참가했습니다. 평소 좋아하는 작가들과 함께하는 프로그램이 마음에 들어 참가를 결정했지만, 막상 와보니 규모가 너무 커서 당황스럽네요. 전국에서 온 낯선 아이들 틈에 있으려니 외톨이가 된 느낌이 들었습니다. 다행히 몇 개의 조로 나누어 활동을 한다고 하니, 같은 조에 속한 친구들과 얼굴을 익히면 좀 낫겠지요.

조가 결정되고 조원들과 인사를 나누는 자리. 두 줄로 늘어선 친구들이 마주선 짝궁과 악수하고 이름을 말하면서 인사를 나눕니다. 그리고 포크댄스를 출 때처럼 신호가 오면 자리를 바꾸어 다음 친구와 인사를 나누지요.

수정이는 최대한 많은 친구들의 이름을 익히고 싶었습니다. 잔뜩 기대하고 인사를 시작했지요. 하지만 이내 실망하고 말았습니다. 한꺼번에 여러 사람과, 그것도 짧은 시간 지나가면서 인사를 하다 보니 이름을 기억하는 사람이 몇 명 되지 않았거든요.

이렇게 여러 사람을 만나는 경우, 첫눈에 끌리거나 이름이 엄청 특이하지 않은 한 기억하기 힘듭니다. 왜냐하면 이름이라는 단기기억을 되뇔 기회가 없었기 때문이죠. 이름을 기억하기 위해서는 반복해서 되뇔 필요가 있는데, 계속해서 새로운 친구를 만나고 새로운 이름을 듣기 때문에 그럴 수 없었던 것이에요. 만약 수정이가 대부분의 이름은 모두 한 귀로 흘려듣고 한두 친구의 이름만 계속 머릿속에서 되뇌었다면, 그 친구의 이름은 쉽게 사라지지 않았을 거예요.

단기기억을 효율적으로 활용하는 두 번째 방법은 청킹(Cungking)입니다. 청킹은 '덩어리로 묶는다'는 뜻이에요. 서로 의미 있는 것끼리 혹은 의미가 있도록 묶어서 기억하기 쉽게 만드는 것이죠. 한자를 공부할 때, 부수가 같은 것끼리 혹은 음이 같은 것끼리 묶어 공부하는 것도 청킹을 이용한 것입니다. 숫자가 7~8개 나열되어 있는 전화번호를 국번과 전화번호로 나누는 것도 청킹을 이용한 예라고 할 수 있죠. 이처럼 청킹은 우리가 알게 모르게 생활에서 많이 사용되고 있답니다.

수정이가 같은 조 친구들을 몇 가지 특징으로, 예컨대 고향, 말투, 머리모양 같은 특징들로 무리지어 기억한다면 더 쉽게 더 오래 기억할 수 있을 텐데, 수정이는 그걸 알까요?

○● 장기기억

되뇌기와 청킹은 단기기억도 쉽게 망각되지 않고 필요한 순간에 잘 회상되게 만들어줍니다. 물론 충분히 반복하고 효과적으로 묶는 노력이 필요하죠. 이런 노력을 거치면 단기기억은 상당히 오래 기억됩니다. 얼마나 오래 가냐고요? 경우에 따라 거의 평생 간답니다. 이처럼 단기기억과 달리 오랫동안 지속되는 기억을 장기기억(long term memory)이라고 합니다.

| 대상 | →지각→ | 감각기억 | →부호화→ | 단기기억 | →되뇌기·청킹→ | 장기기억 |

장기기억으로 저장되는 내용은 어떤 것들일까요? 경험과 지식, 사건, 정서, 감각기억과 단기기억에서 얻은 '세상에 대한 총체적인 지식'이라고 할 수 있습니다. 한마디로 모든 정보가 장기기억의 대상이 될

수 있다는 말이죠. 물론 모든 기억이 죄다 장기기억이 되는 것은 아닙니다. 앞서 말했듯이 되뇌기와 청킹과 같은 노력을 거쳐야 하지요.

하지만 어떤 정보가 장기기억이 되는 데에는 정보가 가진 내용의 특징보다는 그 정보가 어떤 식으로 지각되고 기억되었는지가 더 중요합니다. 예컨대, 정보를 얻었을 때의 '환경'이나 '정보가 가진 위치' 같은 거죠. 무슨 말인지 하나하나 살펴볼게요.

○● 맥락효과와 계열위치효과

우선 '환경'으로 정보가 기억될 가능성을 높일 수 있습니다. 정보가 우리에게 입력(in-put)되는 환경과 인출(out-put)되는 환경을 일치시키는 것이죠. 환경을 달리 말하면 맥락이라고 할 수 있습니다. 그 정보가 입력된 맥락과 같은 맥락에서 인출될 때 기억능력을 가장 높일 수 있다는 것이죠. 그래서 이것을 맥락효과라고 합니다.

'시험공부를 할 때에는 시험을 치르는 환경과 유사한 환경에서 공부하는 게 제일 좋다'는 말은 맥락효과에 근거한 것입니다. 교실처럼 조용한 곳에서 시간을 정해놓고 마치 시험을 치듯 공부하는 것이 시험공부에는 효과적이라는 말이죠. 음악을 흥얼거리면서 외운 내용보다는 조용한 공부방에서 외운 것이, 실제 시험에 나왔을 때 더 잘 기억되어 정답을 쓸 확률이 높아집니다.

맥락효과를 증명하기 위해 연구자들은 많은 실험을 했는데, 향기를 이용한 실험에서도 이것이 증명되었습니다. 초콜릿 향기를 맡으며 여러 개의 단어들을 암기한 사람들은 다시 초콜릿 향기가 나는 환경이 되었을 때 그 단어들을 가장 많이 떠올릴 수 있었답니다.

입력되고 인출되는 맥락과 함께 '정보의 위치' 역시 정보가 장기기억이 되는 데 도움을 줍니다.

방학을 맞아 청소년캠프에 참가한 수정이, 기억하시죠? 한 사람씩 번갈아가며 새로운 친구들과 인사를 나누는 수정이에게 어떤 친구의 이름이 가장 기억에 남을까요? 우선 아주 특이한 이름이라거나 특별히 마음이 가는 친구의 이름이라면 기억에 남겠지요. 그런 특별한 경우가 아니라면 어떨까요?

처음 몇 명과 마지막 몇 명이 가장 잘 기억된답니다. 이렇게 정보의 위치에 따라 기억의 능률이 달라지는 것을 계열위치효과(serial position effect)라고 합니다. 그리고 처음의 것이 잘 기억되는 것을 '초두효과'(primacy effect), 나중의 것이 잘 기억되는 것을 '최신효과'(recency effect)라고 해요.

처음과 마지막에 외운 정보가 더 잘 외워지는 것은 맥락효과와 관련이 있습니다. 가장 나중에 외운 것을 잘 기억하는 이유는 그 정보들을 외운 맥락이 현재의 맥락과 가장 유사하기 때문입니다. 아무래도 시간적으로 가장 인접하기 때문이죠. 그렇다면 처음에 외운 것들은 왜 머릿속에 많이 남아 있을까요? 초두효과가 일어나는 까닭은 맥락의 특이성에 있습니다. 뭔가를 처음으로 접하는 상황은 아무래도 특별하고 긴장되기 때문에 잘 기억되는 상황일 수밖에 없지요.

또 계열위치효과는 되뇌기와 연관 지어 설명할 수도 있습니다. 친구들의 이름을 일정한 시간 간격을 두고 외우도록 했을 때, 초두효과가 일어납니다. 왜냐하면 처음의 이름이 나중의 이름들보다 더 반복적으로 되뇔 수 있기 때문이죠. 그런데 되뇌기를 할 만한 시간적 간격을 주지 않고 바로 인출을 요구했을 때는 최신효과가 일어납니다. 되뇌기를 하지 못한 이름들이 감각기억(그 중에서도 반향기억)으로 잊혀가는 가운데, 그나마 가장 나중에 외운 이름들은 아직 잊히지 않은 감각기억으로 남아 있기 때문이죠.

맥락효과와 계열위치효과가 단기기억을 장기기억으로 만들어주는 것은 아닙니다. 맥락효과는 정보가 인출되는 환경의 중요성을, 계열위치효과는 맥락과 되뇌기의 중요성을 말해줍니다. 필요한 감각기억들은 단기기억으로 저장될 수 있지만, 노력 없이는 바로 사라져버립니다. 되뇌기와 청킹이라는 노력을 통해 장기기억이 되는 것이죠.

PART 05 : 오래 기억하는 방법

나도 공부의 신이 될 수 있다?!

○○ 기억을 방해하는 간섭

여러분, 축하해주세요. 우리의 규현 씨에게 새로운 사랑이 생겼답니다. 규현 씨의 얼굴이 다시 빛나기 시작했군요. 얼굴에 홍조가 장난이 아니네요. 역시 사랑에서 받은 상처는 사랑으로 치유되는 건가 봐요. 새 여자친구는 현아 씨. 발랄하고 유쾌한 아가씨지요.

새로운 사랑의 달콤함에 푹 빠진 규현 씨. 그러나 아무에게도, 특히 현아 씨에게는 절대 말할 수 없는 고민이 하나 생겼습니다. 현아 씨에게 전화한다는 게 자꾸 그 옛날 수지 씨의 전화번호를 누르지 뭐예요. 그뿐이 아니에요. 현아 씨 생일인 줄 알고 선물을 샀다가 수지 씨의 생일이라는 걸 알아차리고, 그냥 지나가다 생각나서 샀다며 둘러댄 적도 있답니다. 그땐 얼마나 식은땀이 나던지, 지금 생각해도 아찔합니다. 얼렁뚱땅 넘어가기는 했지만 사실 그건 절대 해서는 안 되는 실수였죠.

그렇게 우여곡절을 겪으면서도 시간은 흘러갔고 규현 씨의 새로운 사랑도 무르익어 갔습니다. 그러던 어느 날, 규현 씨는 갑자기 수지 씨를 떠올렸습니다. 그리워서가 아니에요. 최근 들어 전화번호가 헷갈리는 일이 없었다는 생각이 문득 났기 때문이죠. 이제 정말로 그렇게 말도 안 되는 실수를 하는 일은 없을 것 같았어요.

기쁨에 들뜬 규현 씨, 확인 삼아 수지 씨의 전화번호를 떠올려보았습니다. 틈만 나면 저절로 떠올라서 규현 씨를 골탕 먹이던 그 번호가 이제 아무리 애를 써도 생각나지 않는군요. 아주 까맣게 사라졌어요. 규현 씨의 머릿속에 맴도는 것은 현아 씨의 전화번호뿐입니다. 다행이네요. 아주 다행이에요.

규현 씨는 어쩌다 여자친구의 생일을 착각하는 실수를 하고 만 걸까요? 그런데 정말 실수인 걸까요? 어떻게 그런 실수를 할 수 있을까요? 규현 씨가 무심하고 둔한 사람도 아닌데……. 오히려 예민한 사람인데 말이죠. 규현 씨가 이런 실수를 한 것은 기억에 방해를 받았기 때문입니다. 수지 씨의 전화번호가 현아 씨의 전화번호를 외우지 못하게 훼방 놓은 거죠. 이렇게 기억을 방해하는 효과를 간섭(interference)이라고 합니다.

간섭에는 순행간섭과 역행간섭이 있습니다. 수지 씨의 전화번호가 현아 씨의 전화번호를 외우지 못하게 간섭한 것은 순행간섭이라고 해요. 과거에 기억된 정보가 새로운 정보의 습득을 방해하는 거죠. 반대로 새로운 정보가 과거의 정보를 기억해내는 것을 방해하기도 하는데, 이것을 역행간섭이라고 합니다. 시간이 흐른 다음에는 현아 씨의 전화번호만 생각나고 수지 씨의 전화번호가 더 이상 기억나지 않은 것이 바로 역행간섭에 해당하죠.

◐● 나를 더 알고 싶어? 그럼 깊이 알아봐!

간섭을 받는다는 것은 상당히 피곤한 일입니다. 예컨대 부모의 간섭을 받지 않으려면 경제적으로나 정신적으로나 독립을 해야 합니다. 독립은 쉬운 일이 아니에요. 하지만 어렵다고 마냥 미룰 수는 없지요. 어른이 되어서도 독립하지 않은 채 부모의 간섭을 받으며 살 수는 없으니까요.

기억에 있어서도 마찬가집니다. 간섭으로부터 자유롭기 위해서는 노력이 필요합니다. 어떻게 노력하냐고요? 기억에 대해 연구한 학자들은 '더 잘 기억하기 위해서는 정보를 더 깊게 처리하라'고 말합니다. 예를 들어볼게요. 동요 〈산토끼〉에 맞추어 외운 조선시대 역대왕의 순서, 기억하나요?

태정태세 문단세 예성연중 인명선 광인효현 숙경영 정순헌철고순~종

노래에 맞추어 외우다보면 순서를 외우는 것은 그다지 어렵지 않습니다. 유치원생이라고 해도 몇 번만 하면 외울 수 있죠. 문제는 구체적인 내용이에요. 예컨대, 앞의 '세'가 세종인지 뒤의 '세'가 세종인지 헷갈리고, 앞의 '정'이 정조인지 뒤의 '정'이 정조인지 아리송하다는 거죠.

그러나 한국사 시간에 선생님이 설명해준 조선 왕들에 대한 내용을 대충이나마 기억하고 있다면 사정은 달라지죠. 선생님의 설명을 요약해서 떠올려볼까요?

조선을 세운 태조 이성계. 왕위계승 서열 1위로 왕이 되었으나 심약했던 2대왕 정종. 그 뒤를 이어 왕위에 오른 사람은 태조 이성계의 다섯째아들로 야심이 상당히 컸던 이방원. 왕자의 난을 일으켜 권력을 차지하고 형인 정종을 압박해 3대왕 태종으로 즉위한 이방원은 건국 이후 불안했던 왕권을 강하게 만들었죠. 이처럼 강한 왕권을 기반으로 조선 초기 화려한 문화를 꽃피운 세종대왕. 이방원의 셋째아들로 왕위를 계승했습니다.

하지만 완벽해 보이는 세종대왕도 풀기 어려운 문제가 있었습니다. 셋째아들로 왕위에 오른 세종은 맏아들에게 왕위를 물려주고 싶었지요. 그래야만 정당성이 담보되고 다른 형제들에게 도전도 받지 않을 테니까요. 그런데 문제는 맏아들이 건강하지 않다는 것이었어요.

오랫동안 세자로서 아버지 세종을 도와 많은 일을 하면서 왕이 되는 수업을 제대로 받은 세종의 맏아들 문종은, 왕이 되고 2년이 채 되지 않아 죽고 말았습니다. 그리고 그 뒤를 이어 문종의 어린 아들 단종이 12살의 나이로 왕위에 올랐지요. 세종대왕에게는 아들이 아주 많았어요. 그 중에 둘째아들 수양대군은 야심이 아주 컸지요. 따르는 무리도 많았어요. 결국 수양대군은 어린 조카의 왕위를 빼앗아 7대왕 세조가 된답니다.

이제 분명해졌군요. 조선의 두 번째 왕이 정종이니까 한참 뒤에 나오는 '정'이 정조이고, 처음 나오는 '세'가 세종이며 그 다음에 나오는 '세'가 세조라는 게 말이죠. 이 정도 내용만 기억하고 있어도, 갑자기 순서를 떠올려야 하는 순간에도 헷갈리지 않을 거예요.

정보를 깊이 처리하는 것은 이런 것입니다. 정보의 단편만을 이해하는 게 아니라, 단편들을 자신만의 방법으로 조합하거나 그것이 함축하고 있는 의미까지 이해하는 것이죠. 이렇게 하려면 노력이 필요합니다.

높은 주의집중력도 요구되죠. 하지만 이런 노력 없이는 다른 정보의 간섭에 쉽게 흔들리고, 쉽게 까먹게 됩니다. 그래서 나온 말이 '공부에는 왕도가 없다'는 것이겠죠?

○● 공부의 왕, 기억의 왕

그래도 방법이 아주 없는 것은 아니겠죠? '공부에는 왕도가 없다'고 해서, 무식하게 죽어라고 반복해서 외워대기만 해야 하는 건 아니겠죠? 이런 궁금증이 생기는 게 당연합니다. 여러분이 학생이거나, 학생인 자녀를 둔 부모이거나, 승진시험을 앞둔 직장인이라면, 더욱 궁금하겠죠.

게다가 기억에 대한 많은 연구와 발견들이 우리에게 아무 도움이 되지 않는 걸까요? 더 많은 지식을 기억하고 그래서 더 좋은 성적을 거두게 하는 데 아무 도움이 되지 않는 걸까요? 이런 의문도 듭니다.

이런 질문에 대한 대답은, 당연히 '도움이 된다'입니다. 그리고 눈치가 빠른 사람이라면 벌써 몇 가지 해답들을 찾았을 것입니다.

우선 시험에서 더 좋은 성적을 받고자 한다면 맥락효과를 이용할 수 있습니다. 공부방을 교실과 비슷한 환경으로 꾸미는 것은 물론, 공부방법에도 맥락효과는 적용됩니다. 예컨대, 문제를 풀 때에는 질문이 던져진 맥락까지 이해하면서 공부하는 것이죠.

또 같은 내용에 대한 다른 질문을 만나도 당황하지 않도록 여러 각도에서 여러 질문을 던지며 공부 내용을 이해해야 합니다. 여러분이 심리학을 공부하는 학생이라면, 정신분석학과 행동주의 심리학을 배운 뒤에 두 이론의 차이점을 비교하라는 질문을 시험의 예상문제로 꼽을 수 있습니다. 왜 자꾸 이 두 이론을 비교하는 문제가 나오는 것일까요? 그것은 두 이론이 서로 반대되는 관점에서 인간을 바라보고, 서로를 반박하며 발달했던 맥락이 있기 때문입니다. 이런 질문의 맥락, 역사적 맥락을 이해하고 두 이론을 비교하면서 기억한다면, 정신분석학과 인본주의 심리학을 비교하라는 새로운 질문에 대해서도 당황하지 않겠죠.

계열위치효과를 이해했다면, 처음이나 마지막보다 더 잊기 쉬운 중간에 공부한 내용을 더 자주 더 주의 깊게 복습할 필요가 있습니다. 하지만 불행히도 대부분의 학생들은 처음 몇 장만 반복해서 공부하죠.

내키지 않는 독서경시대회에 나간 학생을 예로 들어볼게요. 독서대회용 도서목록에 제시된 소설의 내용을 묻는 문제 가운데 소설의 도입부와 결말에 대한 내용은 잘 풀지만, 중간부분이 출제되면 헷갈리기 마련입니다. 도입부와 결말은 별 노력 없이도 머릿속에 잘 남지만, 중간부분은 머릿속을 그냥 스쳐지나가 버린 것처럼 남아 있질 않죠. 지금까지 이런 문제로 스스로를 책망하고 있었다면, '나만' 그런 것이 아니라 모두가 그렇다는 것을 기억해두세요.

아무튼 여기에서 우리가 할 일은, 기억해야 할 내용의 처음과 끝 그리고 중간에 동등한 노력을 기울이는 것이 아닙니다. 중간을 기억하는 데 조금 더 의지적인 노력을 기울여야 결과가 더 나아질 수 있다는 것이지요.

또 단순암기로만 시험을 잘 칠 수 있다는 생각을 버려야 합니다. 되뇌기를 할 때는 에빙하우스의 망각곡선을 참고하세요. 에빙하우스의 망각곡선에 따르면, 처음 5일간은 기억이 급속도로 줄어들지요. 그러니까 되뇌기를 할 때에는 가능한 한 빨리, 길어도 5일이 지나기 전에 하는 것이 좋습니다. 또 그저 반복해서 되뇌는 것보다 정보를 연상할 수 있는 단서를 만들어보는 것도 좋습니다. 예를 들어, 문(門)자를 써야 할 때 사립문을 떠올리는 것처럼 말이죠.

청킹을 이용해 기억해야 할 내용들을 기억하기 쉽게 가공하는 것도 아주 효과적입니다. 서로 의미 있는 것끼리 혹은 의미가 있도록 묶어서 기억하기 쉽게 만드는 것이죠.

마지막으로 잊으려 해도 잊을 수 없는 기억을 만들기 위해 정보를 깊이 처리하는 것도 잊지 말아야겠죠. 왕의 즉위순서를 기억할 때 그 왕의 업적과 특징, 시대상황들을 주의 깊게 연결 지었던 것처럼 말이에요.

또 어떤 내용을 공부할 때 '왜?'라는 질문을 던지고 고민한 내용은 쉽게 잊히지 않습니다. 학창시절 내 옆을 스쳐간 수많은 짝꿍들의 이름은 잊었지만, 시린 상처를 남긴 첫사랑의 이름은 절대 잊지 못하죠. '대체 왜 나한테 그랬을까?'를 백만 번 고민하게 만들어, 우리 마음속에서 그 이름이 깊이, 아주 깊이 처리되었으니까요.

6장

이상심리학

마음이 아픈
사람들에 대한 이야기

PART 01 : 이상심리학

마음의 병을 이해하는 틀

얼마 전 세상을 떠난 세계적 가수 마이클 잭슨, 물리학의 천재 아인슈타인, 르네상스의 거장 미켈란젤로……. 이들의 공통점은 폭발적인 창조성을 가졌다는 것입니다. 그리고 또 하나의 공통점은 그 위대한 창조성에 인생이 압도된 까닭인지, 인간관계나 일상생활에서 원만하지 못한 삶을 살았다는 것이죠.

이 천재들이 원만한 삶을 살지 못한 데에는 정신질환이나 성격장애가 원인이 되기도 했습니다. 하지만 정신질환이 천재의 창조성에 도움을 준 경우도 있다고 합니다. 미켈란젤로나 피아니스트 굴렌 굴드와 같은 예술가의 경우 아스퍼거 증후군(사회적 상호작용과 정서교류에 어려움을 보이고 기이한 행동이 반복적으로 나타나는 자폐증과 유사한 장애로, 언어적 발달만은 정상적입니다)의 한 증세인 광적인 몰입으로 인해 위대한 작품을 남겼다고 주장하는 심리학자들도 있습니다. 또 로큰롤의 황제 엘비스 프레슬리나 마이클 잭슨이 경계선 성격장애로 인해 겪은 슬픔과 고통 덕에 심금을 울리는 음악을 남겼다고도 합니다.

설사 그것이 사실이라고 해도 정신질환이나 성격장애는 고통스럽습니다. 정신질환을 앓거나 성격장애가 있는 사람들은 자신의 심리상태로 인해 고통을 받지요. 가족들이 받는 고통과 사회적 편견도 그들을 힘들게 합니다.

그들의 가족들도 고통을 받습니다. 그들이 보이는 증세로 고통 받고, 치료비용도 부담해야 합니다. 정상적인 범주의 심리상태를 가진 사람들의 가족보다 더 많이 이혼하고 폭력에 시달리며, 자살과 살인, 청소년

팝의 황제 마이클 잭슨, 로큰롤의 황제 엘비스 프레슬리, 그리고 물리학의 천재 아인슈타인 등 많은 천재들이 정신질환이나 성격장애로 고통받았습니다.

비행문제를 겪기도 합니다.

사회적 편견은 그들과 그들의 가족을 더욱 힘들게 합니다. 실제로 근거 없는 피해의식을 가지고 다른 사람을 대하는 사람, 치유하기 힘든 공주병이나 왕자병을 가진 사람들과 함께 있을 때, 사람들은 그들로부터 공격받고 상처받는 것도 사실이에요. 하지만 우리 사회는 몸이 아픈 사람에게는 동정과 도움의 손길을 내밀면서, 마음이 아픈 사람들에게는 유독 냉혹합니다. 그들의 고통을 방치하고, 심지어 손가락질을 하고 그들을 피합니다. 이런 사회적 편견은 과연 정당한 것일까요?

이번 장에서는 마음이 병든 사람들의 이야기를 이 책의 마지막 주제로 다루어보려 합니다. 이들에 대해 연구하는 심리학 분야를 이상심리학이라고 하는데, 이상행동과 심리장애를 과학적으로 연구하는 학문이지요.

'그들이 왜 고통받게 되었을까? 어떻게 하면 그 고통에서 벗어나게 할 수 있을까?' 이것이 이상심리학의 주제입니다. 왜 이런 이상행동과 심리장애가 생겨났는지, 그것들은 어떻게 분류할 수 있는지, 어떤 사람들에게 이상행동과 심리장애가 더 잘 나타나는지, 어떻게 그것을 치료하고 예방할 수 있는지를 연구하지요.

이상행동과 심리장애의 종류와 분류, 원인과 치료에 대한 이론은 무척 방대하고 복잡합니다. 따라서 여기에서는 주요 이상행동과 심리장애를 소개하고, 가장 잘 알려진 증상들을 유명인사의 사례를 들어 설명하도록 하겠습니다.

PART 02 : 광장공포증과 공황장애

왜 엘리베이터를
이용하지 않으시나요?

○● 광장공포증과 공황장애

하얀 오픈카가 미끄러져 들어와 백화점 정문 앞에 멈춰섭니다. 한 무리의 양복 입은 남자들이 허리를 꺾으며 마중하는 가운데 차문이 열리고, 남들이 부러워할 만한 키에 세련된 도시 남자의 대표라 할 만한 외모의 남자가 차에서 내립니다. 로열백화점 사장 주원 씨가 출근을 하는 모양이군요.

어, 그런데 이게 무슨 일이죠? 정문으로 들어선 주원 씨, 엘리베이터가 아니라 에스컬레이터로 향하는군요. 백화점 안에는 층층마다 유니폼을 입은 직원들이 줄지어 서서 지나가는 주원 씨를 향해 90도로 허리를 꺾으며 인사합니다. 주원 씨는 9층에 있는 사장실까지 이렇게 직원들의 인사를 받으며 한 층 한 층 올라갑니다.

주원 씨가 지나가자 여직원들이 탄성인지 한숨인지 모를 소리를 냅니다. 엘리베이터를 두고 에스컬레이터를 고집하는 이유가 이것인가요? 주원 씨는 여직원들의 시선을 즐기는 걸까요? 그런데 주원 씨가 탐나는 외모를 가진 것은 사실이지만, 사장이 출근할 때마다 나란히 서서 90도로 허리 꺾어야 하는 일이 직원들에게 정말 즐겁기만 할까요?

이상한 일은 또 있습니다. 운명의 상대 라임 씨를 만나 호텔 12층으로 올라가야 하는 상황. 엘리베이터 앞에 선 주원 씨, 라임 씨를 엘리베이터로 먼저 올려보내고 계단으로 12층까지 올라갑니다. 멋진 폼을 목숨 걸고 지켜야 하는 자존심쯤으로 아는 주원 씨가 숨을 헐떡대고 땀을 삐질삐질 흘리며, 게다가 이탈리아 장인이 한 땀 한 땀 손으로 기워 만든 반짝이 트레이닝복을 반쯤 벗어젖힌 모습으로 말이죠.

그러고 보니 주치의와 만난 주원 씨가 한 말이 생각나는군요. 엘리베이터는 아직 힘드냐는 주치의의 말에 주원 씨가 대답합니다.

"힘든 정도면 참고 타지. 문 앞에만 가도 아예 숨이 안 쉬어지니까."

주원 씨는 좁은 차나 탈의실 같은 밀폐된 공간도 아주 질색을 한다는군요. 실제로 엘리베이터 같은 좁은 공간에 들어가면 호흡이 가빠지고, 심장이 터질 것 같고, 몸이 떨리고, 진땀을 흘립니다. 대체 왜 그런 걸까요?

드라마 〈시크릿가든(Secret garden)〉 주인공 김주원의 이야기입니다. 그는 20대 초반에 불이 난 건물의 엘리베이터에 갇혔지만 다행히 소방대원의 도움으로 무사히 탈출한 적이 있습니다. 그러나 그를 먼저 엘리베이터에서 나가게 한 소방대원은 탈출하지 못하고 엘리베이터와 함께 추락해 사망하고 말죠. 주원 씨는 그때 겪은 죽음에 대한 극심한 공포와, 자신을 구하고 한 사람이 죽었다는 죄책감으로 광장공포증을 갖게 된 것입니다. 더 구체적으로 말하자면, 그 일은 주원 씨에게 광장공포증 중에서도 폐소공포증을 남겼지요.

광장공포증은 광장을 무서워하는 공포증이 아니라, 특정한 장소나 상황을 무서워하는 증상입니다. 좁고 밀폐된 장소를 특히 무서워하거나, 높은 곳 혹은 사람이 많은 곳을 특히 두려워하는 것이죠.

주원 씨는 좁고 폐쇄된 공간에 들어가면 갑자기 엄습하는 강렬한 불안, 곧 죽지 않을까 하는 극심한 공포로 발작을 일으킵니다. 혈관이 확장되고 과잉호흡이 일어나다가 심하면 심장마비로 목숨을 잃을 수도 있다고 해요. 이 같은 발작을 공황발작(panic attack)이라고 합니다. 겉으로 보기에는 뚜렷한 이유나 근거 없이 두려움이 일어나면서 발작을 일으키는 거죠. 그리고 이런 발작을 반복해서 경험하는 것을 공황장애라고 합니다.

공황장애는 주원 씨의 경우처럼 광장공포증이 있는 경우도 있고, 없는 경우도 있습니다. 큰 범주로 보면 공포증과 공황장애는 둘 다 불안장애입니다. 공황장애나 광장공포증을 비롯해 거미나 벼락을 무서워하는 특정공포증, 다른 사람들과의 관계나 만남을 두려워하는 사회공포증, 강박장애, 외상후 스트레스 장애, 급성 스트레스 장애, 범불안 장애 모두 큰 범주로는 불안장애에 속합니다.

공황장애가 만성화되면, 우울증이나 자살충동을 경험하기도 하고 공포를 잊기 위해 술에 의존하기도 합니다. 또 언제 다시 공포가 찾아올지 모른다는 생각에 그런 상황을 강박적으로 피하려는 강박증이 생기거나, 이렇게 심장이 뛰다 죽을지도 모른다 혹은 지금 또 공황발작이 시작되는 건 아닐까 하는 건강염려증이 생기기도 합니다.

스스로 사회지도층이라고 말하는 주원 씨 외에도 잘 알려진 사람들 중에서 공황장애를 호소한 이들이 많습니다. 가수 김장훈은 지난 날 자신을 주인공으로 한 다큐드라마에서, 공황장애 때문에 잠들지 못하고 텔레비전을 틀어놓은 채 꾸벅꾸벅 졸며 밤을 새는 모습을 보여준 적이 있습니다. 최근에는 공황장애로 인해 입원치료도 받았죠. 차태현도 인기가 갑자기 하락하자 그 공포감에 공황장애를 겪었다고 털어놓기도 했습니다. 이 외에 이경규, 이병헌 등도 이런 증상으로 치료받은 사실을 공개해 화제가 되기도 했지요.

○● 공황장애의 원인과 치료

공황장애의 원인에 대해서는 여러 견해가 있습니다. 먼저, 공황장애 환자들이 공황발작을 일으키는 것은 생물학적 결함 때문이라는 입장입니다. 선천적으로 혈액 내의 이산화탄소 농도를 낮게 유지하려는 경향이 있어, 숨을 깊고 가쁘게 쉬는 과잉호흡을 한다는 것이에요.

이에 대해 인지적 입장의 심리학자들은 공황장애 환자들이 잘못된 인지도식을 가지고 있다고 설명합니다. 과잉호흡은 질식으로, 불규칙한 심장박동은 심장마비가 곧 일어날 것임을 알리는 전조증상으로, 파국적인 해석을 한다는 거죠.

한편 정신분석적 입장에서는 불안에 대해 제대로 방어하지 못했기 때문에 공황발작이 일어난다고 봅니다. 또는 부모와의 분리불안이 재현되거나 중요한 누군가를 잃었거나 이별한 후에 일어나는 현상으로 보았습니다.

　공황장애 치료에는 약물치료와 심리치료가 적용됩니다. 심리치료의 경우, 인지행동치료가 매우 효과적인 것으로 보고되고 있습니다. 공황장애 환자들은 긴장을 이완하는 훈련을 받거나, 불안을 조절하기 위해 복식호흡을 배웁니다. 또 과잉호흡을 질식사로 해석하는 것과 같은 파국적 해석을 수정하고, 공황발작을 일으키는 경우 그와 관련된 장소에 점진적으로 환자를 노출시킴으로써 공포를 줄여나갑니다.

　드라마 〈시크릿가든〉에서 김주원은 친구인 정신과 의사와 만나 상담하고 약물치료를 받으며 공황장애를 조절하려 합니다. 그러다가 길라임을 만나 사랑에 빠지고 그 사랑으로 기적처럼 공황장애를 극복하지요. 마치 몸이 뒤바뀐 것처럼 강렬하게 아픔을 공감해주는 사랑이 생긴다면, 기대해볼 만한 일이겠죠.

PART 03 : 우울증

마음의 감기에서
마음의 폐렴으로

○● 우울증의 증상

　　　　　　　　'우울증은 누구나 한번쯤 경험하게 되는 마음의 감기이다.' 이런 이야기를 들어봤을 것입니다. 마음의 감기. 여러분은 어떻게 생각하시나요? 정말 우울증은 감기처럼 한 번 앓고 지나가면 끝나는 흔하고 가벼운 질병일 뿐일까요? 어떤 사람들은 이 말에 공감하겠지만, 지금 우울증으로 고통받는 사람들이라면 아마 '감기'라는 표현에 절망을 느낄 것입니다. 그들이 느끼는 고통의 크기와 무게에 비해 감기라는 단어는 너무 작고 가벼우니까요. 그러나 꼭 틀린 말도 아닙니다. 경우에 따라선 감기를 앓다 목숨을 잃는 사람들도 있으니까요.

　《자기만의 방》《댈러웨이 부인》 같은 작품을 남긴 버지니아 울프는 평생을 우울증으로 고생하다, 결국 59세에 외투 주머니에 돌을 가득 채운 채 강에 몸을 던졌습니다. 버지니아 울프의 문학 세계와 그가 겪은 정신적 고통은 영화 〈디 아워스(The Hours)〉에 잘 표현되어 있습니다. 책으로도 영화로도 명작으로 꼽히는 《무기여 잘 있거라》《노인과 바다》의 작가이고 노벨문학상을 수상한 어니스트 헤밍웨이도 우울증으로 인해 권총 자살을 했지요.

일본의 유명한 정신과 의사인 와타나베 쇼스케(1931년 출생)는 우울증을 인류가 시작된 이래로 가장 많은 사람들이 걸린 흔한 병으로 꼽았습니다. 그리고 이제는 우울증을 '마음의 감기'가 아니라 '마음의 폐렴'이라 보아야 한다고 주장했습니다.

우울증에 걸린 사람은 우울한 것은 물론이고, 슬픈 감정, 좌절감, 죄책감, 고독감, 허무감, 절망감, 혹은 무가치하다는 느낌을 지속적으로 느낍니다. 심한 경우에는 정서적으로 둔해져, 무표정하고 무감각한 사람으로 변하기도 하죠. 어린이나 청소년의 경우, 우울증은 짜증이나 불안, 분노 등으로 표현되기도 합니다.

우울증이 심해지면 인지적 기능도 손상됩니다. 그러면 주의집중이 어렵고 기억력이 저하되며, 작은 일에도 판단을 못 내리고 우유부단해집니다. 아침에 잘 일어나지도 못하고 사회생활도 피하고 싶어지면서 학교생활이나 직장생활에 어려움을 겪습니다. 행동이 느려지고 활기가 없어지며, 조금만 움직여도 쉽게 지치죠. 소화가 안 되거나 머리가 아프기도 하고, 너무 많이 자거나 반대로 불면증과 같은 수면장애를 겪기도 합니다.

그리고 가장 심각하게는, 우리에게 큰 충격을 안기며 떠난 수많은 유명인들처럼 자해나 자살을 시도하는 경우도 있습니다. 실제로 자살사건이 보도되면 많은 사람들이 우울증을 떠올리기도 합니다.

우리나라 자살률은 OECD 국가 가운데 가장 높습니다. 또 지난 10년간 130%나 증가했어요. 암, 뇌혈관질환, 심장질환에 이어 사망원인으로 자살이 4위를 차지했습니다. 더욱 놀라운 것은 20대와 30대의 사망원인 1위가 자살이라는 사실입니다. 또 경찰청의 분석에 따르면, 자살원인 1위로 꼽히는 것은 정신질환(28.3%)이며 그 중에서 대표적인 것은 우울증이라고 합니다.

실제 여러 연구결과에서도 젊은 세대들이 그 전 세대보다 더 많이 우울증에 걸리고 있으며 우울증에 걸리는 연령도 점점 낮아지고 있는 것으로 나타났습니다. 또 사회적으로 명성을 얻은 유명인의 자살이 베르테르효과를 일으키며 일시적으로 자살을 유행시키기도 합니다.

사랑하는 연인 로테와의 사랑을 이루지 못하고 끝내 권총 자살로 생을 마감한 《젊은 베르테르의 슬픔》(1774년, 괴테의 작품)에 19세기 유럽 젊은이들은 열광적으로 공감했고, 주인공 베르테르처럼 자살하는 젊은이들이 급증했습니다. 이후 유명인이 자살한 다음 그를 모방하려는 심리를 갖고 동조 자살하는 현상을 베르테르효과라고 부릅니다. 우리나라에서도 최진실 같은 유명 연예인이 자살로 생을 마감했고, 그때마다 자살률이 일시적으로 높아졌지요.

○● 우울증의 원인

우울증의 원인으로 꼽히는 것은 인지삼제와 인지적 오류입니다. 이 둘은 모두 인지적으로 문제가 있는 생각들이지만, 인지 삼제는 주제에 방점을 둔 것이고, 인지적 오류는 오류에 방점을 둔 것입니다. 자세하게 알아볼게요.

먼저 인지삼제(cognitive triad). 삼제란 세 가지 주제라는 뜻입니다. 그러니까 우울한 사람들이 자동적으로 떠올리는 부정적인 생각들을 살펴보면 크게 세 가지 주제로 나눌 수 있다는 것이죠. 즉, 자기 자신(예컨대, 나는 열등하다), 자신의 미래(예컨대, 나의 미래는 비관적이고 암담하다), 주변 환경(예컨대, 내가 처한 상황은 너무 열악하다)을 부정적으로 평가하는 독특한 사고방식이에요. 나와 나의 미래, 나의 현재 상황이 암울하다고 생각된다면 우울증에 걸리지 않는 것이 더 이상한 일일 것입니다.

인지적 오류(cognitive error)는 일상적으로 일어나는 사건을 현실보다 부정적으로 왜곡하고 과장하여 해석하는 것입니다. 이런 일이 일어나는 것은 의미를 해석하는 과정에서 범하는 논리적 잘못 때문이죠. 인지적 오류는 다음과 같은 몇 가지 유형으로 나타납니다.

첫째, 흑백논리적 사고(all or nothing thinking)의 오류입니다. 일상적 사건의 의미를 양극단으로 해석하고 중간의 의미는 생각하지 못하는 것이지요. 예를 들면, 나의 이런 점은 좋지만 저런 점은 싫을 수 있다고 생각하기보다, 그는 '나를 좋아한다' 혹은 '나를 싫어한다'라고 단정적으로 생각하는 것입니다.

둘째, 과잉일반화(overgeneralization)의 오류입니다. 이것은 한두 번의 사건에 근거하여 일반적인 결론을 내리고, 무관한 상황에도 그 결론을 적용시키는 오류입니다. 예를 들면, 한두 번의 거절을 겪은 뒤 '나는 항상 누구에게나 어떻게 행동하든지' 거부를 당한다고 생각하지요.

셋째, 정신적 여과(mental filtering) 혹은 선택적 추상화(selective abstraction)의 오류입니다. 이 둘은 꼭 같은 개념은 아니지만 결론에 도달하는 과정을 보면 상당히 비슷합니다. 어떤 상황에서 일어난 여러 일 중에서 일부만을 걸러내고 뽑아내어 상황 전체를 판단하지요. 예를 들면, 친구의 대화 가운데 대부분은 무시하고 몇 마디 부정적인 말에 근거해, '그 녀석은 나를 좋아하지 않는다'라고 해석하는 것입니다.

넷째, 의미확대와 의미축소(minimization and maximization)의 오류입니다. 이것은 말 그대로 어떤 사건의 의미나 중요성을 실제보다 지나치게 확대하거나 축소하는 오류랍니다. 예를 들면, 부정적인 일의 의미는 확대하고 긍정적인 일의 의미는 축소하는 경우이죠. 자신은 부정적으로 타인은 긍정적으로 평가하는 경우도 마찬가지입니다. 이렇게 하나의 기준이 아니라 사안에 따라 다른 기준을 적용하는 것을 '이중기준(double standard) 오류'라고도 합니다.

다섯째, 개인화(personalization)의 오류입니다. 자신과 무관한 사건을 자신과 관련된 것으로 잘못 해석하는 것이죠. 예를 들면, 지나가는 사람들이 웃으면 자기를 보고 웃었다고 생각하는 것이에요. 아주 가끔 이런 이유로 생긴 폭력 혹은 살인 사건이 보도되기도 하죠.

여섯째, 잘못된 명명(mislabelling)의 오류입니다. 사람의 특성이나 행위를 기술할 때 과장되게 표현하거나 부적절한 명칭을 사용하는 것이죠. 예를 들어, 스스로를 '돌대가리' 혹은 '인간쓰레기'라고 이름 붙여 부르는 것입니다.

이런 경우 문제가 되는 것은, 이것이 자기 충족적 예언(self-fulfilling prophecy)이 된다는 것입니다. 인간은 자기가 선정한 기대에 걸맞게 스스로 행동을 맞추어가는 경향이 있는데, 스스로를 인간쓰레기라고 이름 붙인 사람은 행동도 그렇게 하는 경향을 보인다는 거예요. 이것은 밴두러에게 영향을 받은 이론입니다.

일곱째, 독심술(mind-reading)의 오류입니다. 충분한 근거 없이 다른 사람의 마음을 마음대로 추측하고 단정하는 것입니다. 마치 독심술이 있는 것처럼 말이죠. 이렇게 단정하고 나면, 상대방의 마음을 확인할 방법이 없기 때문에 자신의 판단이 옳다고 생각하고 확신하게 되죠.

여덟째, 예언자적 오류(fortune telling)입니다. 미래의 일을 미리 볼 수 있는 예언자인 것처럼, 앞으로 일어날 결과를 부정적으로 추론하고 이를 굳게 믿는 오류이죠. 예를 들면, 자신은 미팅에 나가면 호감 가는 이성과는 짝이 되지 않거나 거부당할 것이라고 추측하고 굳게 믿어버리는 것입니다.

아홉째, 감정적 추리(emotional reasoning)의 오류입니다. 이것은 충분한 근거 없이 막연히 느껴지는 감정에 근거하여 결론을 내리는 것입니다. 예를 들면, '죄책감이 드는 걸 보니까 내가 뭔가 잘못했음이 틀림없다'고 생각하는 거죠.

인지적 오류의 유형	설 명
① 흑백논리적 사고	일상적 사건의 의미를 이분법적으로 해석하는 오류
② 과잉일반화	한두 번의 사건에 근거하여 일반적인 결론을 내리고 무관한 상황에도 그 결론을 적용시키는 오류
③ 정신적 여과 ≒ 선택적 추상화	어떤 상황에서 일어난 여러 일 중에서 일부만을 뽑아내어 상황 전체를 판단하는 오류
④ 의미확대와 의미축소	어떤 사건의 의미나 중요성을 실제보다 지나치게 확대하거나 축소하는 오류
⑤ 개인화	자신과 무관한 사건을 자신과 관련된 것으로 잘못 해석하는 오류
⑥ 잘못된 명명	사람의 특성이나 행위를 과장되거나 부적절한 명칭을 사용하여 표현하는 오류
⑦ 독심술	충분한 근거 없이 다른 사람의 마음을 마음대로 추측하고 단정하는 오류
⑧ 예언자적 오류	마치 예언자인 것처럼 앞으로 일어날 결과를 부정적으로 추론하고 이를 굳게 믿는 오류
⑨ 감정적 추리	충분한 근거 없이 막연히 느껴지는 감정에 근거하여 결론을 내리는 오류

조증과 우울증의 왈츠, 양극성 기분장애

≪고리오 영감≫으로 유명한 프랑스의 소설가 오노레 드 발자크(Honore de Balzac, 1799~1850년)는 아주 독특한 버릇이 있었다고 합니다. 작품에 들어가기 전에 엄청난 양의 음식을 먹어치우고, 작품을 집필하는 동안에는 커피만 마시며 잠도 자지 않고 집중한답니다. 글을 쓰는 동안 하루 40여 잔의 커피를 마시며 각성상태를 유지했고, 그걸로 모자라면 커피콩을 계속해서 씹어댔죠. 이런 상태에서 폭발하는 창조성의 도움으로 발자크는 100여 편의 소설을 집필했대요.

현대의 이상심리라는 관점에서 보면, 발자크는 전형적인 양극성 기분장애로 보입니다. 우울한 기분상태(우울증)와 고양된 기분상태(조증)가 교차되어 나타나는 경우이지요. 기분이 몹시 고양된 조증의 상태가 되면 잠도 자지 않고 정력적으로 일하며 행동이 부산해지고 새로운 생각이 계속 떠올라 쉴 새 없이 계속 떠들기도 합니다. 또 자신감이 너무 넘쳐서 해내지도 못할 엄청난 계획을 세우기도 하죠. 현대인들에게 조증상태는 감당하지 못 할 정도의 과도한 소비를 하거나 무모한 사업을 벌이는 모습으로도 자주 나타납니다. 그러다 우울한 상태에 들어서면, 기분이 급격하게 가라앉는데다가 그동안 벌인 일들을 수습하느라 더욱 우울해지기도 하죠.

≪종의 기원≫(1859년)을 집필해 과학계의 패러다임을 바꾼 찰스 다윈(Charles Robert Darwin, 1809~1882년)도 양극성 기분장애를 앓았다고 합니다. 기분이 고양되고 한계를 모르는 계획을 세우는 조증의 시기에는 그칠 줄 모르는 항해를 하고 방대한 양의 자료를 수집했지만, 정작 ≪종의 기원≫을 집필하는 시기에는 우울증으로 인해 몇 번이나 집필을 포기하려 했습니다. 그가 심리적 어려움과 싸우면서 책을 완성한 데는 후커라는 친구가 큰 도움을 줬다고 하네요. 후크는 다윈이 집필을 그만두려할 때마다 격려해주었다고 합니다.

그러나 조증 뒤에 찾아오는 우울증은 일반적인 우울증보다도 더 위험합니다. 자살위험도 더 높다고 알려져 있습니다. 조증의 넘치는 에너지가 우울함을 만났을 때, 자살을 감행할 위험이 높아지기 때문이죠. 또 많은 예술가들이 조증의 시기에 꽃피던 창조성이 우울증의 시기에 물거품처럼 사라지는 것을 받아들이기 힘들어 하기도 했습니다. 어니스트 헤밍웨이의 경우도, 단순한 우울증이라기보다는 양극성 기분장애로 인해 창조성의 폭발 이후에 찾아오는 우울증의 시기에 자살한 것으로 보는 견해가 많습니다.

"조증은 생명의 불꽃이며 우울증은 타고 남은 재다"라는 유명한 문구가 있습니다. 삶과 자신의 예술을 하나로 일치시킨 예술가들에게 창조의 에너지가 끓어오르지 않는 시기는 마치 죽음이나 마찬가지로 느껴질 테니까요.

○● 우울증의 치료

　　　　　　　　　우울증은 시간과 상황이 변함에 따라 자연 회복되는 경우도 있지만, 반드시 도움을 받아야 하는 경우도 있습니다. 우울증의 회복에 가장 효과적인 치료방법은 인지행동치료와 약물치료로 알려져 있어요.

　4장에서도 설명했지만, 인지행동치료는 다른 어떤 치료보다 우울증에 뛰어난 치료효과를 보입니다. 우울한 내담자의 사고내용을 정밀하게 탐색하여 인지적 왜곡을 찾아내고 교정하는 것이 인지행동치료의 핵심입니다. 환자를 보다 더 현실적이고 긍정적인 사고와 신념을 지니도록 유도하여 현실에 적응하는 능력을 키워주는 것이죠.

　인지행동치료에는 다양한 기법들이 사용되는데, 여기에는 소크라테스식 대화법, 일일기록표, 일기쓰기 같은 인지적 기법들과 실제 생활에서 행동하는 법을 배우는 대처기술 훈련, 사회기술 훈련 같은 행동치료 기법이 있습니다.

　심리치료와 병행해서 약물치료를 하기도 하는데, 아직은 약물에 거부감이 있는 사람들이 많고 부작용을 겪거나 별 효과를 보지 못하는 경우도 있습니다. 또 과연 약물이 우울증의 근본적인 치료방법이 될 수 있는지에 대해서도 아직은 고민할 부분이 남아 있죠.

　정신분석에서 계승 발전된 정신역동 치료도 우울증에 적용됩니다. 이것은 프로이트의 정신분석학을 계승한 정신역동 이론에 근거를 둔 치료방법으로, 마음속의 근본적인 갈등을 통찰하고 직면하여 새로운 삶의 방식을 찾도록 도와줍니다. 그렇지만 다른 치료에 비해 치료기간이 길고, 치료효과가 실제 객관적 데이터로 구체화되지 않았다는 약점이 있습니다.

정신역동 이론이란?

정신역동 이론은 프로이트의 제자들과 그의 이론을 그대로 전수한 후대 학자들이 정통적 정신분석을 변화 발전시킨 이론입니다. 그러나 그 근본적 생각은 성격이 이드, 자아, 초자아의 세 구조로 이뤄져 있으며, 이 세 구조가 서로 힘을 겨루고 갈등을 일으키는 역동적인 힘이 인간의 성격으로 발현된다는 입장을 고수하고 있지요.

PART 04 : 자기애성 성격장애

환자는 프라다를 입는다

○● 자기애성 성격장애의 증상

　　　　　　　　영화 〈악마는 프라다를 입는다〉에서 패션잡지 〈보그〉의 편집장 미란다가 출근하자마자 외투를 벗어던지는 곳은 어디일까요? ① 옷걸이, ② 자신의 의자, ③ 비서 앤디 삭스의 책상.

　정답은 ③ 앤디 삭스의 책상, 정확히는 앤디의 면전입니다. 웬만큼 상대방을 무시하지 않고는 할 수 없는 행동이지요.

　그런데 미란다의 비서인 앤디가 감내해야 하는 어려움은 이뿐만이 아닙니다. 아침마다 미란다의 취향에 딱 맞는 커피를 구해주어야 하고, 영업도 시작하지 않은 레스토랑에서 스테이크를 포장해와야 할 때도 있습니다. 시간도 장소도 가리지 않고 전화를 걸어대는 미란다 때문에 사생활이 없어진 지 오래고, 악천후로 뜨지 않는 비행기 표를 구해오라는 통에 궁지에 내몰리기도 하죠. 앤디를 이렇게 괴롭히는 미란다는 <u>자기애성 성격장애</u> 환자의 전형적인 모습이라고 할 수 있습니다.

자기애성 성격장애 환자들은 자신의 중요성을 과장되게 지각합니다. 무한한 성공과 권력, 아름다움이나 동화 같은 사랑에 집착하기도 하죠. 자신이 특별하고 독특한 존재이기 때문에 특별하거나 상류층에 있는 사람들만이 자신을 이해할 수 있으며, 그렇기 때문에 자신은 그런 사람들하고만 어울려야 한다고 굳게 믿습니다.

사람들이 언제나 자신에게 찬사를 바치길 바라고, 특권의식을 가져 주위사람들이 자신에게 절대 복종하기를 바랍니다. 자신의 목표를 위해서는 타인들을 기꺼이 이용하고 착취하며, 타인의 감정에 공감하지도 못합니다. 또한 다른 사람들을 질투하면서 한편으로는 남들 역시 자신을 심하게 질투하고 있다고 믿습니다. 때와 장소를 가리지 않고 거만 방자한 태도를 유지하고요.

미란다는 비서인 앤디의 시간을 완전히 자기 것으로 생각하는 악덕업주 같습니다. 도저히 하루 안에 해낼 수 없는 일들을 해내라고 요구하고, 자신의 집에 물건을 가져다 놓으라는 등의 사사로운 심부름도 아무런 거리낌 없이 시킵니다. 또 잡지사의 모든 업무는 미란다의 취향대로 돌아가야 합니다. 유망한 모델이라 해도 미란다의 취향에서 조금이라도 엇나가면 패션계에서 사장될 각오를 해야 하죠.

감정적으로 메마른 냉혈한에 일중독, 성공과 아름다움에 대한 집착, 오직 자신을 만족시키기 위해 앤디에게 불가능한 미션들을 수행하기를 요구하는 특권의식, 모든 부하직원들을 종처럼 부리는 착취적 인간관계, 모든 사람들이 자신처럼 되기를 원하며 자신을 질투한다는 믿음까지, 미란다는 자기애성 성격장애의 거의 모든 증상을 다 보입니다.

자기애성 성격장애를 가진 사람들은 타인에 대한 공감능력이 떨어져 있고 남들이 자신을 찬양해주기만을 바라므로, 사람들과 좋은 관계를 맺기가 어렵습니다. 주변 사람들과 갈등을 빚거나 심한 경우 따돌림을 당하게 되죠.

얼마 전, 밤마다 햄버거집이나 커피가게에 나타나 시간을 보내다 사라지는 노숙 할머니가 텔레비전에 소개되면서 화제가 된 적이 있습니다. 트렌치코트에 긴 생머리를 곱게 빗은 할머니의 모습은 도저히 노숙하는 걸로는 보이지 않았지요.

이 분의 경우도 자기애성 성격장애의 대표적인 케이스라 할 수 있습니다. 어렵게 연락이 닿은 가족들은 그녀와 계속 연을 끊은 채 살기를 바랐습니다. 여동생은 그 이유가 할머니에게 있다고 말했습니다. 예전에 가족들이 못 먹고 못살던 시절에도 가족은 아랑곳하지 않고 돈을 쓰고 사치하면서, 어머니를 부려먹는 등 가족들에게까지 착취적인 관계를 강요했기 때문이라고 말이죠.

할머니는 노숙을 하면서도 식사를 대접하겠다는 기자의 제안에 호텔 음식을 원했습니다. 아직도 백마 탄 왕자님이 호호백발인 자신을 구원하러 와줄 것이라 믿는다고 밝히기도 했죠. 왕자님이 언제 나타날지 모르기 때문인지 할머니는 항상 트렌치코트를 차려입고 영자신문을 읽고 있었습니다. 비록 씻지는 못했을지라도 말이죠.

다행히 영화 속 미란다는 사회적으로 성공했지만, 많은 자기애성 성격장애 환자들은 나이가 들어감에 따라 현실에 부딪히며 어려움을 겪게 됩니다. 자신의 아름다움에 취한 나르시스가 어떤 결말을 맞았는지 기억한다면 뭔가 방법이 필요하겠군요. '물속으로 뛰어들기' 전에 말이죠.

○● 자기애의 홍수와 원인

블로그와 미니홈피를 넘어서 트위터나 페이스북 같은 SNS까지 가세하면서 1인 미디어시대라고 일컬어지는 요즘은 자기애성 성격장애가 갖는 함의가 큽니다.

자기애성 성격장애가 형성되는 이유로는 크게 두 가지가 거론됩니다. 하나는 부모의 과잉보호로 인해 현실의 자기 모습을 깨닫지 못했을 경우이고, 또 다른 하나는 너무 큰 좌절을 경험했을 때입니다.

아이일 때는 누구나 자신이 세상의 중심인 줄 압니다. 하지만 자라며 적절한 좌절을 맛보고 그러면서 세상이 자신을 중심으로 돌지 않는다는 사실을 깨닫게 되죠. 이 평범하고 정상적인 성장을 가로막는 것은 부모의 과보호와 세상이 주는 좌절입니다. 좌절을 경험하지 못하게 막는 부모의 과보호는 그 자체로 자기애에 빠져들게 하지만, 작은 시련에도 큰 좌절을 하게 해 자기애로 스스로를 방어하게 만들기도 합니다.

게다가 요즘 세태는 보통의 사람들에게 과도한 좌절을 안겨주기 쉬운 환경입니다. 우리는 매일 다양한 매체를 통해 스타들의 화려한 모습을 보고 들습니다. 스타뿐만 아니라 일반인들도 인터넷 매체나 SNS를 통해 자신의 사생활을 생중계하기도 합니다. 그런데 그들의 삶이 우리보다 더 나은 것처럼 느껴질 때, 우리 존재가 보잘것없고 인생이 비참하다는 생각에 빠지게 됩니다.

그리고 이런 비참함을 외면하기 위해, 그들처럼 블로그를 운영하고 SNS로 친구를 맺으며 사람들의 관심을 받기 위해 발버둥을 치지요. 팔로어 숫자, 좋아요 숫자를 늘리기 위해 눈에 띄는 가십거리를 퍼나르고 숫자를 실시간으로 체크합니다. 남들의 찬사와 관심에 집착하게 되는 것이죠.

다른 사람의 찬사와 관심에 집착하는 것은 자기애성 성격장애의 대표적인 증상입니다. 한없이 행복하고 걱정 없어 보이는 SNS 대문사진의 웃는 얼굴 뒤에는, 자신이 꿈꾸는 웅대한 이상에 다가가고 싶은 초조한 조바심이 자리하고 있는지도 모릅니다.

○● 자기애성 성격장애의 원인과 치료

자기애의 치료는 대부분 개인적 심리치료의 형태로 이뤄집니다. 우리는 아기일 때, 세상에 오직 나 하나만 존재하는 것처럼, 내가 세상의 주인공인 것처럼 행동합니다. 배가 고프면 지금 당장 먹을 것을 달라고 울고, 졸릴 때 재워주지 않으면 화를 내기도 하죠. 그러나 점점 나이가 들면서 세상에 나만 있는 것이 아니라 다른 소중한 대상들도 있다는 것을 깨닫고 나를 사랑하는 것처럼 다른 대상을 사랑할 줄도 알아야 합니다.

하인즈 코헛(Heinz Kohut, 1923~1981년)은 이렇게 '내가 세상의 중심이 아니다'라는 사실을 받아들이지 못하는 자기애 환자들의 치료로 유명한 치료자입니다. 코헛에 따르면, 아이들은 자신의 행동을 기뻐해주며 바라봐주고 지지해주고 칭찬해줄 대상을 필요로 합니다. 이런 관심을 받으며 자란 아이는 비현실적으로 웅대한 자기감을 가지게 됩니다. 그러나 이것은 점차 나이가 들면서 건강한 자존감으로 성숙하지요. 또 아이들에게는 대단해 보이고 닮고 싶은 대상도 필요합니다. 부모가 이런 대상이 되어주지 못할 때 그런 이상적인 사람을 평생 찾아 헤매고, 또 자기만 그런 이상적인 인간이라고 믿어버리게 되지요.

이 두 가지가 결핍된 환자에게 치료자는 관심과 지지를 주고 닮을 만한 좋은 모습을 보여주는 부모의 역할을 해주어야 합니다. 환자는 이를 통해 어린 시절에 입었던 자존감의 상처를 회복하고, 과대하고 비뚤어진 자기애가 아닌 건강한 자기애로 조금씩 변화하게 됩니다.

오토 컨버그(Otto F. Kernberg, 1928년 출생)는 부모로부터 칭찬받는 것에 예민할 때, 과대한 자기애를 가질 수 있다고 보았습니다. 칭찬받는 자신의 모습에 집중하고 이상적인 자기에 빠져들수록 자신의 약점이나 열등한 점은 완강하게 부정하게 되는 것이죠. 이런 환자는 치료자를 볼 때도 단점이라곤 존재하지 않는 완벽한 사람으로 이상화할 가능성이 큽니다. 그래서 컨버그는 치료자가 환자에게 이런 양극화된 모습을 직면하도록 해서 단점과 장점이 공존하는 통합된 자신을 수용하도록 도와야 한다고 생각했습니다.

 이 밖에도 현실적인 자기 모습을 알고 타인에 대해서도 왜곡되게 바라보지 않도록 하는 것, 좋은 평가를 받는 것에 너무 집착하지 않도록 하는 것, 다른 사람의 입장도 공감할 수 있게 하는 것, 이런 내용들이 자기애 환자들의 치료에서 중요한 부분을 차지합니다.

PART 05 : 조현증

정신을 튜닝할 필요성

○● 정신분열증에서 조현증으로

다음 페이지 두 그림을 보세요. 둘 다 고양이를 그린 그림이지만 형태나 색감, 분위기가 판이하게 다르지요. 이 그림들을 그린 사람은 영국의 화가 루이스 웨인(Louis Wain, 1860~1939년)입니다. 그는 유방암에 걸린 아내를 위로하기 위해 그린 고양이 그림으로 유명해진 화가이지요.

왼쪽 그림은 고양이 그림을 그리기 시작한 초기에 그린 것이고, 오른쪽은 부인이 세상을 떠나고 조현증이 발병한 다음에 그린 그림입니다. 초기에 그는 의인화된 모습의 고양이를 많이 그렸습니다. 익살스럽고 귀여운 분위기의 그림들이 많았지요. 그러나 시간이 흐르면서 그림에

대한 인기가 시들해져 경제적 어려움에 처하고 부인마저 세상을 떠나자 그에게는 조현증이 발병합니다. 오른쪽 그림은 조현증이 중기 정도 진행되었을 때 그린 그림으로 알려져 있습니다. 화려하고 아름답지만 익살스럽고 귀여운 분위기는 사라졌습니다. 아마도 병이 그의 창조적 영감에 영향을 준 듯합니다.

조현증(調鉉症)은 예전에 정신분열증이라고 불렀는데, 얼마 전 이름을 바꾸었습니다. 정신분열이라는 말이 갖는 부정적 의미 때문에 사람들의 인식 또한 상당히 부정적이었어요. 그 때문에 치료가 필요한 환자들이 치료를 거부하거나 환자의 가족이 발병을 숨기려고만 하고 적절한 치료를 해주지 않아 병이 악화되는 경우가 많았지요.

조현(調鉉)이란 현악기의 줄을 고른다는 뜻으로, 조현증은 줄이 잘 조절되어야 좋은 소리가 나는 현악기처럼 인간의 정신도 적절하게 조율되어야 한다는 뜻을 담은 이름입니다. '신경계 혹은 정신의 조율이 적절하게 이뤄지지 않아 마음의 기능에 문제가 생긴 질환'이라는 뜻이죠. 단지 튜닝이 필요한 상태일 뿐이라고 이해한다면, 조현증의 치료가 더 적극적으로 이뤄질 것으로 기대한 것입니다.

○● 조현증의 증상

그렇다면 대체 조현증은 무엇일까요? 어떻게 같은 화가가 같은 고양이를 이토록 다르게 그리도록 만든 것일까요?

조현증은 사고 체계와 감정 반응에 장애가 있어 통합적인 사고를 하지 못하는 일종의 만성 사고장애입니다. 일반적인 증상으로는 환각(hallucination), 망상(delusion), 상황이나 논리에 맞지 않는 말과 행동을 하는 '와해된 언어와 행동' 등이 있습니다.

친구들과 만나 잔뜩 취한 대수 씨. 기분 좋다고 술을 너무 많이 마신 모양입니다. 보도블록을 베게 삼고 하늘을 이불 삼아 편히 잠들었습니다. 그런데 이게 무슨 일이죠? 눈을 뜬 대수 씨. 처음 보는 작은 방에 와 있네요. 문도 없는 방에요. 아무리 소리를 질러도 오는 사람도 없어요. 그래도 다행이라고 해야 할까요? 식사시간이 되면 작은 배식구로 음식이 들어옵니다. 매끼 일관되게 군만두만, 오로지 군만두만 들어오지만요.

대체 누가 그를 여기 가둔 것일까요? 외로움과 답답함에 괴로워하던 대수 씨. 시간이 지나면서 자포자기의 상태에 빠집니다. 그러던 어느 날, 온 몸에 개미가 기어다니는 환각을 경험하지요. 온 몸이 가려워서 견딜 수가 없었어요. 너무나 괴로운 나머지 그는 자살을 시도합니다. 하지만 누군가 상처를 치료하고 다시 방에 가둬두는군요.

얼마나 지났을까요? 이제 개미는 더 이상 올라오지 않습니다. 대신 갑자기 나타난 작은 소년이 그의 곁에 서 있습니다. 아, 다행이군요. 그는 더 이상 혼자가 아닙니다. 이제 매일 소년과 대화하고, 함께 군만두를 나눠먹어요. 소년은 그가 작은 왕국의 왕이 되었기 때문에 귀찮은 파파라치들을 피해 이 방에 있는 것이라고 말해줍니다.

오, 드디어 궁금증이 풀렸네요. 대수 씨는 매우 중요한 인물이기 때문에 이 방에 있어야 하는군요. 아, 정말 귀찮은 파파라치들. 그런데 왕한테 군만두만 주는 까닭은 뭘까요? 왕 정도면 샥스핀은 아니더라도 스테이크 정도는 먹어줘야, '아, 내가 왕이구나' 할 수 있는 것 아닌가요?

이것은 영화 〈올드보이(Old boy)〉에서 주인공 오대수가 겪은 일입니다. 그러나 온 몸에 개미가 기어다니고 어느 날 나타난 소년과 함께 이야기하고 군만두를 나눠먹는 것은 실제로 일어난 일이 아닙니다. 환각이죠. 환각은 조현증 환자들이 보이는 주된 증상 중 하나로, 실제로는 존재하지 않는 목소리를 듣거나 사람을 보거나 냄새를 맡거나 촉각을 느끼는 것을 포함합니다. 오대수가 겪은 개미환각이 바로 촉각 환각이죠.

망상은 사실이나 논리에 맞지 않으며 근거도 없는 '주관적인 신념'입니다. 근거 없이 생긴 믿음이기 때문에 반박하는 사실이나 논리를 경험해도 바뀌지 않습니다. 여기에는 피해망상, 과대망상, 신체망상, 애정망상 등이 있습니다.

피해망상은 누군가가 자신을 감시하고 있다거나 피해를 주고 있다고 느끼는 것입니다. 또 과대망상은 예컨대 내가 정부요원으로 국가를 위해 중요한 임무를 수행하고 있다고 믿는 것이고, 신체망상은 예컨대 내 몸속에 외계인이 칩을 심어놓았다고 믿는 것입니다. 또 애정망상은 예컨대 아이돌 스타가 나를 사랑해 밤마다 우리집 앞에 차를 세워놓고 있다고 믿는 것입니다.

노벨 경제학상을 수상한 존 내쉬(John Nash)를 모델로 만든 영화 〈뷰티풀 마인드(A Beautiful Mind)〉에는 조현증으로 환각과 망상을 경험하는 사람이 잘 그려져 있습니다. 그는 정부요원이 자신을 평생 따라다니며 임무를 명령한다고 믿었고, 있지도 않은 룸메이트와 대화하고 그의 귀여운 조카를 쓰다듬어주기도 합니다.

지금까지 설명한 증상들은 조현증의 양성증상(positive symptom)이라고 하는데, 일반인들에게는 없고 조현증 환자들에게 있는 증상입니다. 양성증상은 조현증이 발병한 지 얼마 되지 않은 사람들에게 나타나며, 이 경우 인지능력의 손상은 나타나지 않고 약물로 쉽게 호전됩니다.

반대로 음성증상(negative symptom)이라는 것이 있는데, 이것은 일반인들에게는 있고 조현증 환자들은 갖지 못하는 적응적 기능을 가리킵니다. 정서적으로 무뎌져 일반인들이 느끼는 감정을 느끼지 못하고, 말을 하지 않으며, 의욕이 잃어 입가에 침이 흘러도 닦을 생각조차 않습니다. 이 음성증상은 조현증이 오래된 사람들에게 나타나며, 인지능력에 손상이 나타나고 치료가 어렵습니다.

이 밖에도 조현증 환자들은 일반인이 이해하기 어렵고 알아들을 수도 없는 말들을 계속해서 주절주절하기도 하고, 여름에 두꺼운 코트와 목도리를 두르고 거리를 나다니는 이상행동을 하기도 합니다. 또 마치 인도의 요가 고행자처럼 고난이도 자세로 몸을 뒤틀고는 고집스레 그 자세를 유지하기도 하지요.

○● 조현증의 치료

얼마 전 경남 김해에서 '아파트 사람들이 나를 욕한다'는 피해망상에 젖어 있던 50대 남성이 학교를 마치고 엘리베이터에 타던 초등학생들을 폭행해 중상을 입힌 사건이 발생했습니다. 범인은 아이들을 폭행한 후 아파트에서 투신해 자살했죠.

이처럼 피해망상이나 환각을 나타내는 조현증 환자들은 심할 경우 자신이나 타인을 해칠 가능성이 있고 현실에 적응하지 못하므로, 입원치료가 필요합니다. 또 망상이나 환각에는 약물치료가 좋은 효과를 보입니다. 하지만 더욱 근본적인 치료를 위해서는 심리상담을 통해 환자의 자아를 강화하고 사회적응 기술을 훈련할 필요가 있지요.

예전에는 조현증 환자들 대부분을 장기간 병원에 입원시켰는데, 이것은 그렇지 않아도 사회 적응력이 떨어져 있는 환자들을 격리시킴으로써 사회로 복귀하는 일을 더 어렵게 만들었습니다. 다행히 요즘에는 지역사회에 건강센터를 개설해 조현증 환자들을 지역사회 안에서 치료하고 재활하려는 움직임이 늘고 있습니다. 또 환자들끼리 모여 그룹홈(group home)을 만들어 적응 훈련을 하고, 정신건강 전문가의 도움을 받는 경우도 늘고 있어요. 김해 사건의 가해자도 이런 치료를 받았다면, 그런 범죄를 저지르거나 자살하진 않았겠죠.

○● 조현증과 창조성

조현증을 효과적으로 치료하기 위한 노력과 동시에, 조현증이 가진 창조성과 독창성에 대해서도 많은 연구가 이루어지고 있습니다. 이미 언급한 대로 양극성 기분장애가 창조성에 영향을 미친 것처럼, 조현증 역시 창조적이고 독창적인 작업에 영향을 준다는 것입니다. 심지어 어떤 연구자들은 조현증을 앓는 천재들이 양극성 기분장애 천재들보다 더 뛰어나고 더 획기적인 업적을 이뤄냈다고 평가하기도 합니다. 양극성 기분장애 환자의 경우 현실 검증력은 살아 있어 기존의 이론이나 현실적인 법칙들과의 연관 아래서 창작이 이루어지지만, 조현증의 경우는 자기만의 세계에 빠져 현실과 동떨어져 있어 독창적이고 기상천외한 발상이 가능하다는 것이지요.

그 예로 들 수 있는 사람들은 만유인력의 법칙을 발견한 아이작 뉴턴(Isaac Newton, 1642~1727년)이나 분석철학의 아버지인 비트켄슈타인(Ludwig Josef Johann Wittgenstein, 1889~1951년), 조각가이며 로댕의 연인이었던 카미유 클로델(Camille Claudel, 1864~1943년), 독일의 시인 횔더린(F. Holderlin, 1770~1843년), 태양의 화가라고 불리는 빈센트 반 고흐(Vincent van Gogh, 1853~1890년) 등이 있습니다. 이들 모두 조현증을 앓았지요.

루이스 웨인의 두 번째 그림을 보면 고양이가 마치 전기에 감전된 듯 보이기도 하는데, 그가 고양이에게서 에너지가 발산된다는 망상에 젖어 있었기 때문이라고 합니다. 또한 병 때문에 사회적으로 고립되고 자기만의 공상에 빠져 살았던 것도, 역설적으로 그들의 창조성에 도움을 준

듯합니다. 뉴턴이 사과나무 아래서 중력의 법칙을 발견한 것도 홀로 고향에 내려가 칩거하던 시기였습니다.

그러면 여기서 한 가지 의문이 생깁니다. 루이스 웨인이나 뉴턴의 조현증이 완치되면, 그러니까 그들의 뇌와 정신이 완벽하게 적응적으로 조율되면, 과연 우리에게 저 화려하고 아름다운 고양이와 만유인력의 법칙이 남아 있을까 하는 것입니다. 반면 이런 의문도 생깁니다. 조현증이 정말 그들의 창조성에 도움을 주었을까, 혹시 조현증이 아니었다면 그들이 일생을 더 생산적으로 살지는 않았을까 하는 것입니다.

물론 여러 가능성이 제기될 수 있습니다. 그러나 한 가지는 확실해 보입니다. 바로 창조와 법칙은 서로 사이가 안 좋다는 것이죠. 때론 조율이 안 된, 늘어진 현의 변주가 우리를 새로운 음계에 눈 뜨게 하니까요.

PART 06 : 경계선 성격장애

세상에서 가장 외로운 사람

○● 경계선 성격장애의 아픔

독일의 정신의학자 보르빈 반델로(Borwin Bandelow)는 ≪스타는 미쳤다≫라는 책에서 몇몇 전 세계적 유명인사들의 비극적인 생애와 죽음을 경계선 성격장애(borderline personality disorder)를 통해 설명했습니다. 예를 들면, 로큰롤의 황제이며 영화배우이기도 했던 엘비스 프레슬리, 영화배우이면서 영원한 연인으로 기억되는 마릴린 먼로, 샹송의 여왕이라 불리는 에디트 피아프, 팝의 황제 마이클 잭슨과 같은 유명인사들 말이죠.

경계선이라는 말은 말 그대로 경계, 즉 신경증과 정신증의 경계에 놓였다는 의미로 사용되었습니다. 신경증은 불안이나 우울증과 같은 증세로 생활적응에 어려움을 느끼지만, 현실 판단력은 살아 있고 자아 정체감도 있는 상태입니다. 그러나 정신증은 망상이나 환각 등으로 인해 현실 왜곡적 증상이 많이 나타나고, 따라서 현실 판단력과 자기 지각은 없는 상태죠.

경계선 성격장애는 망상이나 환각 같은 정신증은 나타나지 않지만, 일시적으로 현실 검증력을 잃어버리고 충동조절이나 감정조절에 어려움을 겪습니다. 이처럼 신경증과 정신증의 증상을 일부 나타내고 어느 한 쪽으로 분류하기 어렵다는 의미에서 처음에는 '경계선 장애'로 불렸습니다. 그러다 차츰 이런 특징들이 고유한 성격구조에서 나타난다는 주장이 받아들여지면서 경계선 성격장애로 이름 붙게 되었지요.

○● 경계선 성격장애의 특성

우울장애나 양극성 기분장애는 말 그대로 장애 또는 질병으로 볼 수 있기 때문에 그것이 발현되는 양상을 증상이라고 합니다. 그런데 성격장애의 경우, 장애가 만성화되어 성격으로 굳은 것이기 때문에 병리적인 성격이라는 의미에서 '성격장애'라고 하고, 성격을 설명하는 요인이기 때문에 증상보다는 특성이나 특질이라는 용어를 사용합니다.

경계선 성격장애의 특성은 참으로 다양하고 복잡합니다. 일단 대인관계에 어려움을 겪습니다. 상대방을 극단적으로 사랑했다가 또 극단적으로 미워하기 때문이죠. 상대방을 사랑할 때는 버림받지 않기 위해 과도하게 집착하고, 그래도 만족하지 못하면 충동적으로 상대방에게 폭력을 휘두르거나 자해를 하기도 합니다.

어느 순간에는 자신에게 극단적으로 도취했다가 또 어느 순간에는 미워하며 비관하기도 하죠. 스스로에게 해를 끼치는 충동성이 낭비벽이나 식이장애, 문란한 성관계, 약물이나 알코올 남용 등으로 표현되며, 일반적으로 이 가운데 두 가지 이상이 함께 나타납니다.

자해나 자살을 반복적으로 시도해서 응급실에 상주하는 의사들과 안면을 트고 지내기도 합니다. 기분은 롤러코스터를 타는 것처럼 기쁨과 불쾌감을 오가고, 심한 불안감을 느끼는 동시에 기본적으로 만성적인 공허함을 느낍니다. 언제나 분노에 가득 차 있어 기회가 되면 사람들과 싸우기도 잘하죠.

애인이 자신에게서 조금이라도 멀어지는 것 같으면 그 사람과 온 세상이 다 자신을 버렸다는 식의 망상적 생각을 하며, 심한 해리장애가 일시적으로 나타납니다. 해리장애는 의식이나 지각, 기억이나 정체감 등 정상적으로 통합되어야 하는 성격 요소들이 붕괴되어 나타나는 것이죠. 극단적인 예이지만, 애인의 한 마디에 격분해 그가 자신을 버릴 것이라 생각해 살해하고는 그를 죽인 것은 내가 아니었다고 생각하는 식입니다.

그리고 마지막으로 혼자 있는 것을 병적으로 못 견뎌합니다. 친구들과 헤어져 집에 혼자 있을 때에도 그들은 여전히 나의 친구라는 사실을 믿지 못하기 때문이에요. 경계선 성격장애 환자들은 타인에 대한 일관된 상(象)을 갖지 못하기 때문에, 혼자 있을 때면 자신이 다른 사람들에게 완전히 잊히고 버림받았다고 느끼지요.

반델로의 분석에 따르면, 진통제 과다복용으로 사망한 마이클 잭슨은 경계선 성격장애의 특징을 완벽하게 충족하는 인물입니다. 앞에서 설명한 대로 자신에게 해가 되는 두 가지 이상의 충동성(그의 경우, 약물과 소비)을 가졌으니까요.

야심이 많았던 아버지에 의해 신체적, 정서적 학대를 받으며 강압적으로 춤과 노래 연습을 해야 했던 마이클 잭슨에게는 유년시절이라고 부를 만한 것이 없었습니다. 아버지는 형제들과 마이클을 학대하고 바람을 피웠고 어머니에게도 폭력을 휘둘렀습니다. 잭슨 형제들로 구성된 '잭슨 파이브'의 앨범이 성공하자마자 형들은 일찌감치 소녀 팬들과 환락적인 생활에 빠져들었죠. 14세 때 잭슨 파이브에서 나와 솔로로 전향한 마이클은 특유의 아름다운 목소리와 새로운 춤으로 엄청난 성공을 거두었습니다. 마이클 잭슨이 좀비들과 함께 춤을 추며 노래하는 〈스릴러(thriller)〉의 뮤직비디오를 본 적이 있으신가요? 〈스릴러〉가 수록된 그의 음반은 팝 역사상 유례없는 성공을 거두었습니다.

그러나 그 뒤로 마이클의 명성은 조금씩 흠이 가기 시작합니다. 로큰롤의 황제 엘비스 프레슬리의 딸 리사 마리 프레슬리와 결혼했지만, 그가 성인 여성이 아닌 소년을 사랑하는 소아기호증 환자라는 소문은 끊이지 않았고, 실제로 아동 성추행 혐의로 그를 고소한 재판도 계속되었지요. 하지만 그는 자신이 왜 그런 오해(?)를 샀는지, 자신이 무슨 짓을 했는지 거의 이해하지 못하는 사람이었습니다. 또 일찍부터 약물에 중독되었고 결국 그 때문에 생을 마감했죠.

이뿐 아닙니다. 엄청난 수입에도 불구하고 압도적인 소비 규모로 인해 경제적으로 파산 상태였습니다. 마이클은 리사 마리 프레슬리와 정상적인 결혼생활을 유지하지 못했고, 성형수술을 하다 만난 간호사와 재혼했지만 또 이혼했습니다.

마지막으로 녹음된 그의 육성을 들어보면, 준비하고 있는 쇼에서 그는 사람들에게 엄청난 것을 보여줄 것이며, 그 쇼는 이제까지 사람들이 본 적이 없는 쇼가 되어야만 한다고 말하고 있습니다. 약물에 중독되어 거의 알아들을 수 없는 목소리로 말이죠. 여기서는 자아도취적인 면모와, 대중들의 환호와 열광을 이끌어내 팝의 황제 자리를 계속 유지하려는 야심이 읽힙니다. 외모에 대한 불만 때문에 성형중독이 되었지만, 이런 낮은 자존감은 자신이 엄청난 것을 보여줄 것이라는 웅대한 자존감과 공생하고 있습니다.

또 그의 마음속에 살고 있는 소년 마이클은 늘 외로움을 지독하게 탄 것으로 보입니다. 그는 자신이 만든 네버랜드에 어린이들을 초대해 "그 어린이들과 함께 음악을 듣고 잘 시간이 되면 침대로 가 따뜻한 우유와 비스킷을 먹곤" 했으니까요. 그것은 마이클의 말대로 "짜릿하고 달콤한 일"이었지만, 그는 마음속 깊은 곳에서는 자신이 "이 세상에서 가장 외로운 사람"이라고 생각했습니다.

반델로는 경계선 성격장애 환자들의 특징이 그들을 스타로 만든다고 설명합니다. 타인과의 안정된 애착관계나 자신이 누구인지에 대한 확신이 없는 이들은, 사람들의 열광적인 환호와 찬사에서 보상을 찾죠. 언제나 환호와 관심, 애정을 갈구하기 때문에, 차근차근 준비해서 직장을 얻고 자기 자리에서 묵묵히 일하는 것은 이들과는 거리가 먼 일입니다. 이들은 애정과 사랑을 즉각적으로 확인하기를 바랍니다. 그래서 가수나 배우와 같이 대중의 즉각적인 환심을 살 수 있는 직업에 투신하지요.

깊은 슬픔과 엄청난 기쁨을 번갈아 경험하는 그들의 의식세계는 그들에게 예술적 영감을 주기도 합니다. 그러나 장기적으로는 알코올이나 약물중독으로 빠뜨려 요절하게 하기도 하지요. 경계선 성격장애 환자들이 가진 강렬함은 이성에게 어필하고 대중에게 사랑받게 만들지만, 일관된 파트너를 가질 수 없는 그들은 끊임없는 외로움을 느낍니다.

○● 경계선 성격장애의 원인과 치료

이렇게 비극적이고 극단적인 성격은 어떻게 형성되는 것일까요? 경계선 성격장애의 원인에 대해서는 여러 견해가 있습니다. 부모의 잘못된 양육태도가 타인과 자신에 대한 믿음을 파괴했다는 정신분석학적 견해가 그 첫 번째입니다. 두 번째로는 경계선 성격장애 환자들에게 어린 시절에 겪은 학대나 성폭력과 같은 상처가 많다는 보고도 있습니다. 세 번째는 생물학적 토대와 관련된 것으로 경계선 성격장애 환자들은 행동억제와 관련된 세로토닌(serotonine, 기분을 조절하고 식욕·수면·근수축·사고기능 등에 관여하는 신경전달물질의 하나)의 활동수준이 낮아 충동적인 경향을 보인다는 것입니다.

하지만 이런 견해들을 통합적으로 이해하는 것이 경계선 성격장애의 원인에 접근하는 데 더 주요할 것입니다. 생물학적으로 정서적 문제가 있는 부모들에 의해 만들어진 비정상적인 환경에서 부모의 생물학적 기질을 물려받은 아이가 자라날 때 더 많은 외상경험을 하게 되며, 이런 경험들이 다시 신경기능에 변화를 초래해 경계선 성격장애를 형성한다는 것이죠.

치료자들에게 경계선 성격장애 환자들은 소위 말해 악몽이 무엇인지를 맛보게 하는 사람들입니다. 그들은 애인과 사랑했다 금방 증오하고 헤어지듯이 치료자와도 같은 양상으로 관계를 맺기 때문입니다. 치료자의 말을 쉽게 오해하고, 치료자에게 나를 이렇게 대하면 죽어버리겠다고 협박하기도 하며, 때론 공격하고 때론 많은 것을 요구하기도 합니다.

그래서 특히 이 경우, 치료자는 환자에게 휘둘리지 말고 안정적이고 일관성 있게 환자를 지지하는 태도를 가져야 합니다. 경계선 성격장애의 치료에 많은 힘을 쓴 정신역동 치료자들의 목표는 환자의 자아를 강화하고, 위대함과 자괴감으로 분리되어 있는 환자의 자아상과 타인에 대한 상을 통합하는 것입니다. 이를 통해 환자의 내면을 강화하고 중요한 타인과의 관계가 깨질 때라도 잘 견뎌내도록 이끌어줍니다.

한편 인지행동치료에서는 먼저 환자가 치료자와 신뢰관계를 맺도록 돕습니다. 그 이후 극단적이고 흑백논리적인 환자의 사고방식을 융통성 있고 현실적인 사고방식으로 대체하게 하죠. 그리고 마지막으로 환자가 갖고 있는 자신과 세상에 대한 부정적인 믿음을 현실적인 믿음으로 바꾸게 돕습니다.